约翰·科特
领导力与变革管理经典

变革之心

THE HEART OF CHANGE

Real-Life Stories of How People Change Their Organizations

[美] 约翰·科特 丹·科恩 著
（John P. Kotter）（Dan S. Cohen）
刘祥亚 译

机械工业出版社
CHINA MACHINE PRESS

图书在版编目（CIP）数据

变革之心 /（美）约翰・科特（John P. Kotter），（美）丹・科恩（Dan S. Cohen）著；刘祥亚译．—北京：机械工业出版社，2024.2（2025.1 重印）

（约翰・科特领导力与变革管理经典）

书名原文：The Heart of Change: Real-Life Stories of How People Change Their Organizations

ISBN 978-7-111-74910-3

Ⅰ.①变…　Ⅱ.①约…②丹…③刘…　Ⅲ.①企业管理－研究　Ⅳ.①F272

中国国家版本馆 CIP 数据核字（2024）第 026926 号

机械工业出版社（北京市百万庄大街 22 号　邮政编码 100037）

策划编辑：李文静　　责任编辑：李文静

责任校对：李　婷　　责任印制：刘　媛

涿州市京南印刷厂印刷

2025 年 1 月第 1 版第 3 次印刷

147mm × 210mm・8.75 印张・3 插页・143 千字

标准书号：ISBN 978-7-111-74910-3

定价：79.00 元

电话服务	网络服务
客服电话：010-88361066	机　工　官　网：www.cmpbook.com
010-88379833	机　工　官　博：weibo.com/cmp1952
010-68326294	金　　书　　网：www.golden-book.com
封底无防伪标均为盗版	机工教育服务网：www.cmpedu.com

PREFACE ► # 中文版序

在 21 世纪的历史上，只有两个国家能够有机会在全球范围内占据主导地位：美国和中国。谁将成为最后的赢家？这将在很大程度上取决于这两个国家各自在处理变革过程中的表现。

中国的某些地区正经历着速度惊人的变革。我们有理由相信，这种形势必将继续下去，而且在许多地方还将加速。历史上从来没有发生过这样的事情：十几亿人需要对眼前如此巨大的变革做出如此迅速的反应。从来没有过如此庞大的领导群需要如此迅速而深入地建立和变革自己的组织或机构。

如何在当今这个瞬息万变的世界里取得成功呢？相

对于10年前而言，我们对于这一问题显然已经能够做出更好的回答。《领导变革》（*Leading Change*）一书中列出了一些在变革中取得成功的组织和经理人的经验和教训。从某种程度上讲，《变革之心》可以被看成是那本书的续集。在这本书里，我们将对大多数企业在变革过程中遇到的核心问题进行描述，并将就如何解决这些问题提出一些具体的建议。本书所讨论的核心问题不是商业战略、公共政策、人才招聘、宣传促销、信息技术、人才培训、市场营销或机构重组——当然，所有这些问题都是非常重要的，但对于任何一个组织和机构来说，要想在组织变革中取得真正的成功，首要条件就是改变组织当中的人们的行为。

本书案例翔实，娓娓道来，生动地描述了组织变革流程当中的每一步骤，并详细阐述了那些取得成功的变革领导者们为改变组织人员的行为而采取的具体措施。所以，从某种意义上来说，我们向那些渴望在组织变革中取得成功的读者提供了一付“灵丹妙药”。

我最近刚刚结束了自己的中国之旅，这是一次非常愉快的旅行。我希望能够再次来到这个国家，希望看到她能够将自己的变革之路继续进行下去，并最终造福于她的人民、国家和子孙后代。

约翰·科特

FOREWARD ▶ 推荐序

变革是永恒的

能在世界著名领导科学权威约翰·科特的著作《变革之心》中文版出版之前先睹为快，实为幸运。我不能肯定这本书对于中国所有企业家都是万能的，但对于正在或持续领导着企业变革的企业家来说，没有这些经典案例作为参考，则是万万不能的。

在当今瞬息万变的世界经济领域，企业领导者每天都必须面对变革的挑战、机遇，面对危机与成就的战略选择。企业家精神的本质就在于“持续创新与领导变革”。改革开放几十年来，为中国企业家提供了参与巨大的社会与经济变革的机会，也为中国企业家通过领导组织变革与创新，创造性地取得经营成果，提供了展示聪明才智的历史大舞台。而能够永葆变革活力并不断推动企业成长进步的企业家正是国家最宝贵的稀缺资源，其基本特征：“保持始终如一的创新激情与勇于面对现实真相的胆略，把变革的目标聚焦在群体的行为上，心无旁骛，知行合一”，真正把中国的优秀传统文化与西方的现代管理知识融会贯通，举一反三。

《变革之心》的贡献，就在于给我们中国的企业家们提供了经过千锤百炼的许多卓越企业的经典变革范例，并通过真实的小故事总结出企业大规模变革可遵循的规律。特别值得一提的是，约翰·科特教授总结的组织变革的 8 个步骤，都是围绕着企业变革的现实展开的，而这 8 个步骤的核心就在于如何改变组织当中人们的行为，改变人们行为的一个重要方式就是改变他们的感受，即使在那些非常注重分析和量化评估的组织当中也是如此。“目睹—感受—变革”的过程要远比“分析—思考—变革”的流程更为有力。

我们企业几十年的高速成长，有得有失，其中最重要的体会是坚持不懈的变革创新，正如德鲁克所言：“变革是永恒的”。而人性与实践性是变革能否成功的最重要因素，因此，企业变革要形神于道，道法自然，形神于德，厚德载物。要让参与变革的所有员工有真正发自内心的深切感受，有满腔的激情与活力，有支持、理解、主动参与变革的心愿，并把变革的行为固定下来，不断形成企业新文化的一部分。而文化决定观念、观念决定心态、心态决定行为、行为决定习惯、习惯决定未来。文化观念起源于感受，员工最重要的原动力来自对企业的感受，来自企业对他们的关注和他们对企业价值观的认同。要在不断推动企业变革的过程中，培养员工变革的观念和习惯，满足员工的事业成就愿望并进而建立起员工对企业的高度忠诚。

在经营状态良好的企业推进变革时，最困难的是如何超越自我，超越以往的成功，促进企业竞争能力的提高。同时，变革创新更需要勇气与胆略，需要有敢为天下先的风险意识与准备。《变革之心》告诉了我们，怎样去发动大规模的组织变革，如何准备，以及用条理清晰、有利于企业发展的方式和步骤，让全体员工特别是管理层，从企业的真实事件中，感受变革的必要性，从而促成行为与文化的变革创新。

《变革之心》中许多成功企业的真实故事，及从中总结出的真知灼见，对中国的许多企业家是无价之宝，但对我们真正重要的是，借船过河。我国的经济改革才几十年，企业家的改革实践经验十分有限，因此书中对诸多企业组织变革实践的总结分析，会对我们自己经营企业有很多启迪。

TCL创始人、董事长　李东生

前　言 ◀ PREFACE

六年前，我曾写过一本名为《领导变革》的书。该书主要关注的问题是，在当今这个日趋动荡的世界里，那些赢家们到底是通过什么方式来进行组织转型的？通过转型，我的意思是说通过采用新技术、重大战略转移、流程再造、兼并收购、业务重组，企业试图显著提高其创新能力并进行文化变革。在对 100 个案例进行详细研究之后，我发现大多数人都没有很好地处理大规模的企业变革，由于对成功的大规模变革的案例接触太少，他们犯了很多本来可以避免的错误。在当今这个日益动荡的世界里，这些错误所造成的后果，可能是非常严重的。本书的主要目的，就是使大家更多地了解那些成功的变革是怎样进行的，并将对那些在变革中取得成功的企业所采取的 8 个步骤进行详细的描述。

《领导变革》的篇幅相对较短（大约只有 200 页），一方面是因为我一向喜欢简短精到，另一方面是因为我当时的研究成果只有那么多。这就使得许多有趣的问题都没有在那本书里得到解答，尤其是没有介绍书中描述的那些成功人士的经验。这些问题一直都在我的脑海里萦绕，直到我接到德勤咨询公司的邀请进行一个跟进项目。他们表示，准备进行大规模的访谈以发现更多的关键问题，并愿意收集更多的案例故事来帮助人们更好地理解我在上一本书里提到的 8 步流程。这个建议听起来不错。所以我就接受了他们的建议，然后我们把此次合作的成果整理成册，于是就有了这本书。

德勤公司的团队由丹·科恩率领，他们对来自美国、欧洲、澳大利亚和南非的 90 多家组织的 200 多位工作人员进行了访谈。为了获得更多的信息，我们与其中一些人进行了 3～4 次的接触。最后，我们把研究的重点集中到了 80 个故事上面，并明确列出了这些故事的来源。在这本书里，共收集了 34 个最有教育意义的故事。

《领导变革》描述了人们在探索新的企业运营方式时所采用的 8 个步骤。在《变革之心》这本书中，我们进一步研究了人们在实施这 8 个步骤时所遇到的主要问题，以及他们是如何成功地处理这些问题的。我们的主要发现，简单地说就是：在进行大规模变革的时候，企业所面临的最核心的问题绝对不是战略、结构、文化或系统——当然，所有这些问题都是非常重要的。但问题的核心却在于如何改变组织中人们的行为，而在那些比较成功的组织中，改变人们行为的一个重要方式就是改变他们的感受——即使在那些非常注重分析和量化评估的组织当中也是如此，而对那些自认为像 MBA 一样聪明的人也不例外。在成功的大规模组织变革中，人们总是能设法帮助其他人以一种能够影响他们感受（而不仅仅是思维）的方式，来观察问题并寻找解决方案。感受，然后影响一个人的行为，而且这种影响力足以帮助人们克服大规模组织变革中通常存在的很多障碍。相反，在那些不大成功的案例当中，这种“目睹—感受—变革”的模式就很少出现。

在我们这个时代，几乎所有的书本和正规教育所强调的重点都是以分析和思维为导向的。感受被看成是一种“软性”的东西，人们很少会用一种比较严肃的口吻来讨论它。在大多数情况下，感情甚至被认为是一种偏离正轨的东西（比如说，你可能经常会听到这种说法，“不要那么感情用事！”）。虽然最近情况已经开始发生变化，但关于感情在企业变革中发挥作用的讨论还是少之又少，比如说，我就很少听说有哪位正在进行组织变革的领导会用手套、摄像机、飞机、办公室设计、新员工培训、故事和屏幕保护程序等手段来影响员工的感受，并进而改变他们的行为。

在本书的写作过程中，我们所有的内容都是围绕这8个步骤展开的，因为这也正反映了人们经历变革流程的先后顺序。如果说成功的组织变革是一个“流程”的话，本书的章节安排正是遵循这个“流程”的先后顺序展开的。在整本书里，我们尽可能多地使用了书中的基本观点。是的，我们会进行一些分析，但我们更多的是从真实人物的角度谈论发生在他们工作当中的一些真实故事。而且我们都给出了这些人的姓名——除了少数的几个案例之外，书中出现的大部分姓名都是真实的。

约翰·科特

马萨诸塞　剑桥

目　录 ◀ CONTENTS

导　言

变革之心

本书所要传达的信息非常简单：在改变人们行为的过程中，目睹所带来的感受上的变化的作用，要远远大于分析所导致的思维上的改变。尤其是在进行大规模的组织变革的时候更是如此。因为在这种情况下，你通常会面对新技术、兼并收购、结构重组、新战略、文化变革、全球化和电子商务等问题——无论是从整个组织的角度，还是在一个办公室、一个部门或者一个工作团队中都是如此。在当今这个变动的时代，只有很好地应对现实，你才可能取胜。否则你就会陷入巨大的混乱之中，付出惨重的代价，最终却只能得到无尽的痛苦。

这些教训来自我们进行的两组访谈，第一组完成于 7 年前，第二组则是在过去的 2 年里完成的。大约有来自 130 多个组织的 400 多人回答了我们的问题。访谈结果表明：

- 那些在变革中取得成功的组织，通常都知道如何克服本组织中那些抵触新事物的因素。他们知道如何抓住机遇、回避危险。他们明白，要想推动自己的组织取得更大的进步，就必须对其进行更大的变革，而且在这个过程中，也逐渐意识到，单单是个体做出改进已经不够了。
- 成功的大规模变革是一个复杂的事件，它通常包含 8 个步骤：树立紧迫感，组建一支领导团队，为组织变革确立明确的愿景和战略，将愿景和战略有效地传达给组织中的其他成员，清除采取行动过程中的障碍，取得短期成效，保持组织内部的这股变革浪潮，直到工作全部完成，最后，建立一种新型企业文化，将组织中新的行为习惯固定下来。
- 在所有这 8 个步骤当中，最核心的问题就是改变人们的行为。组织变革当中最核心的问题不是战略、不是系统，也不是文化。这些（以及其他一些）因素都是非常重要的，但最关键的问题无疑还是行为——如何改变人们工作的内容和方式。
- 从改变人们行为的角度来说，与其给他们一堆分析数据，以改变他们的思维，倒不如让他们看到事情的真相，并进而影响他们的感受。思维和感

> 受都是必要的，实际上，在大多数取得成功的组织当中，这二者是并存的，但组织变革的关键还是在于改变人们的情感。目睹—感受—变革的流程，要远比分析—思考—变革的过程更为有力。目睹和分析，感受和思考等要素之间的区别是非常关键的，因为在大多数情况下，我们使用后者的频率、熟练程度和满意度都会高于前者。

当遇到挫折的时候，我们有时甚至会使自己相信，“大规模的组织变革可能并不是那么必要”。但在现实世界中，一股强大的力量却在不停地推动着这股变革潮流。在遇到困难的时候，我们有时会把一些问题看成是不可避免而且难以控制的。可有些人却能很好地处理大规模的组织变革。我们每个人都可以从这些成功人士那里学到东西。CEO 们可以学到。身处一线的主管们可以学到。几乎所有参与到大规模组织变革当中的人都能学到一些东西。这也正是本书的目的所在。

成功大规模变革的 8 个步骤

为什么在进行大规模组织变革的时候，有些组织能够比其他组织更为成功呢？要想回答这个问题，首先需要了解，有效的大规模组织变革的整个流程。几乎在所有情况下，组织变革都包含 8 个步骤。

步骤 1

无论是大型私有企业的高层主管，还是身处非营利组织的基层部门，那些在组织变革中取得成功的人士，都会在发动变革之前，在相关人员心里创造一种紧迫感。在小型的组织当中，“相关人员”的人数可能更接近 100 而不是 5，在大型组织当中，这一数字则会更接近 1 000 而非 50。那些不大成功的变革领导，只会关注组织中的一小部分人，却对一些弥漫于整个组织中的情绪——自满、恐惧或者愤怒——不闻不问，但这三种情绪却会在很大程度上破坏企业当前正在进行的变革。紧迫感，有时是通过一些富有创造性的方法形成的，可以使人们立即意识到进行变革的重要性，并准备随时为此而采取行动。

步骤 2

有了紧迫感之后，成功的变革领导者，会马上召集那些有一定可信度、技能、关系、声誉和权威的人员，组成一支领导团队来担任变革过程中的领导工作。这支团队应该有着很强的责任感，并且能够得到大家的信任。

而那些不大成功的组织，却会把所有工作重心都放在一个人的身上，有的时候，甚至是依靠复杂的管理结构。当从事具体变革领导工作的人，缺乏必要的权威和能力的时候，整个变革工作也就难以继续开展了。

步骤 3

接下来，领导团队会为自己的组织变革，确立合理、明确、简单而振奋人心的愿景和相关战略。而在那些不大成功的组织当中，领导者们列出的只是详细的计划和预算，这些虽然是进行变革的必要条件，但还远远不够。或者制定的愿景不符合当今世界及企业的实际情况，或者制定的愿景没有得到领导团队的认同。而在另外一些不大成功的企业当中，领导者所制定的战略常常过于缓慢、过于谨慎，以至于无法跟上时代的步伐。

步骤 4

接下来的工作就是将愿景和战略传达给所有的相关人员，也就是说，领导者们需要把简明扼要的信息通过畅通的渠道传达下去。这一步骤的目标就是在所有相关人员内部形成一种共识、建立一种责任感，并因此而更多地释放组织当中大多数人的能量。在这个过程当中，实际行动的力量通常要大于侃侃而谈。人们会更加注重领导者的行为，而且这些行为应当是不断被重复的。而在那些不大成功的组织当中，领导者很少能有效地进行这种传达，或者即使人们听到了命令，也不会真正地接受它们。值得一提的是，很多智商很高的人并不善于沟通，但他们却一直都没有意识到这个问题。

步骤 5

要想在组织变革中取得成功，领导者们必须进行充分授权（empowerment）。通过授权，可以清除那些影响人们根据组织既定的愿景采取行动的障碍。变革领导者们常常把重点集中在那些不肯放权的老板、不充分的信息和信息系统，以及人们心中的盲目自信上。这里的问题是清除障碍，而非“给予权力”。权力不是可以装在袋子里交给别人的东西。执行者们通常没有得到必要的权力，他们束手束脚，却不得不为自己的“工作不力”而辩解，这当然就会在整个组织内部导致一种挫折情绪，最终使变革无法进行下去。

步骤 6

在进行授权之后，那些在组织变革中取得成功的领导者，就会设法帮助组织取得一些短期成效。这是非常关键的。因为它们可以为整个组织变革工作提供强有力的证明，并为随后的工作提供必要的资源和动力。而在那些不大成功的组织当中，变革的成效通常会来得更慢、更不明显，而且也不大能引起人们的兴趣，事实上，在很多情况下，人们会怀疑这种“成效”是否真的意味着成功。如果没有一个管理良好的流程、精心选择的初期项目，并以足够快的速度取得一些短期成效，组织中产生的怀疑情绪会让所有的变革工作功亏一篑。

步骤 7

取得一些短期成效后，成功的变革领导者绝不会放松努力。因为在这种情况下，整个组织的信心都被调动起来了，早期的一些变革措施也开始得到理解和认可。这时，人们就会精明地选择以后的行动，并不断地将变革推向前进，直到彻底实现组织变革的愿景。而在那些不大成功的组织当中，人们总是容易犯性急病，他们希望一蹴而就，却不考虑应当如何保持人们的情绪，这样，就会使继续变革的士气下降到难以挽回的境地。

步骤 8

最后，在那些取得成功的组织当中，整个组织的领导者们会通过培育一种新的企业文化来把所有的变革成果固定下来。一种新的企业文化——包括组织当中的群体行为规范和人们的价值观念——的建立需要相对较长的一段时间，而且在这段时间里，整个组织还需要不断取得新的成功，以证实变革措施的有效性。在这个过程当中，适当的人事变动、精心设计的新员工培训，以及那些能引发人们某种情感反应的活动都可能起到很重要的作用。而在那些不大成功的案例当中，组织所进行的变革往往流于表面。在非常短的时间内，变革过程中的很多努力都会被传统之风一吹而散。

变革流程

变革过程涉及一些细微的方面，如考虑重叠的阶段、指导组织中各级别的团队、应对变革中的各种小团体等。这个世界是相当复杂的，有些过程并不一定要严格遵守这 8 个步骤，但它们却是许多组织变革当中所必须遵守的基本模式——无论你的组织内部是否存在着一种抵制变革的情绪。

很多证据表明，在大多数组织变革当中，所有阶段都存在的一个最基本的问题，就是如何改变人们的行为。步骤 1 当中的核心问题并非抽象的“紧迫感”，而是如何改变那些没有注意到这个世界正在变化，并因而对自己看到的问题束手无策，或者是并不采取任何行动，而是一味抱怨的人们的行为。在步骤 2 当中，核心的问题是那些变革领导者们的行为——尤其是如何建立人们对他们的信任和责任感。在步骤 3 当中，关键的问题是改变人们的行为，从而能够为整个组织的变革确立明确的愿景和战略。对那些只知道如何规划，却永远不会确立一个能够使组织走向成功的愿景的人来说，这种行为上的变革将是十分剧烈的。在步骤 4 当中，问题是如何使足够的人接受上级传达的愿景和战略。在步骤 5 当中，重点在于人们如何根据组织愿景来采取行动——对有些员工来说，这也就意味着他们要以一种完全不同的方式开展工作。同样，对流程中的其他步骤也是如此。

大规模变革成功的 8 个步骤

步骤	行动	新行为
1	树立紧迫感	人们开始意识到，“好吧，我们的确应该改变一下了！”
2	组建领导团队	一支有能力来指导整个组织进行大规模变革的团队组建完毕，并准备开始工作
3	设计愿景战略	领导团队开始为组织变革确立正确的愿景及战略

4	沟通变革愿景	人们开始对变革的愿景和战略产生认同，并在他们的行动当中体现出这种认同
5	善于授权赋能	更多的人能够并切实地根据本组织的愿景采取必要的行动
6	积累短期胜利	在努力实现组织愿景的过程中，人们进行变革的信心和士气被不断建立起来，抵制变革的人也越来越少
7	促进变革深入	人们会一直不停地将变革的浪潮推向前进，直到实现愿景
8	成果融入文化	虽然传统行为方式等因素的影响仍在，但新的行为规范还是确立了下来

目睹—感受—变革

改变一个人的行为，就已经是一件非常困难的事情了，改变 101 或 10 001 个人的行为，则是一项更为艰巨的工作。但还是有很多迈向未来的组织成功地做到了这一点。如果对这些组织进行仔细观察的话，你会发现它们的行为模式并不相同。无论处于何种阶段，它们之所以能成功，就是因为它们在组织变革中最核心的活动并不是收集资料、分析、书写报告和演示——这种方式通常意味着你在试图通过改变人们的思维，进而改变他们的行为。相反，它们会向人们展示问题所在，并进而找出解决问题的方法。通过这种方式，组织当中那些抵制变革的情绪开始渐渐消除，而激励人们采取有用行动的情绪则慢慢增强。情感上的这种反应随之提供了一种能量，这种能量会促使人们推进整个变革流程——无论摆在眼前的困难是多么巨大。

本书的所有案例几乎都证明了这种模式，展示了在进行这一过程中所牵涉的相关步骤。在步骤1（主要讨论如何树立紧迫感的问题）中，一位采购部门的经理通过一场颇具戏剧性的演示启动了变革流程。他在董事会的会议桌上摆放了424种公司为员工采购的手套。问题是，一些相同的手套是从不同的供应商那里购买的，而且价格也不一样。看到这些手套之后，人们首先感到震惊，随后他们心中的那种自满开始减少，一种紧迫感开始增强。真正能最终改变人们行为的，并非那些证明采购流程变革必要性的数据。相反，它是一种更为深刻也更加微妙的东西。人们每天都会听到很多话，处理很多事，但这种戏剧性的展示却无异于一声惊雷，一下子就能抓住他们的注意力，并使其久久不能忘怀。

在步骤2（关于如何组建领导团队）中，我们发现，即使军队的军官，也不能通过理性的辩论，组建一支新的变革领导小组。所以，他通过一场关于冒险的演讲，来打动所有人。然后，他开始组织大家围着篝火，讲述一些充满感情的故事。于是，整个团队中那种更为积极的感情和信任开始增长，一个有效的团队就这样诞生了。

在步骤 3（关于变革愿景和战略）中，我们谈到了一位飞机制造厂的经理，他并没有一味地敦促人们，要制定雄心勃勃的战略，来实现公司的质量目标。相反，他采取了更加富有戏剧性的行动。他停止了正常的生产流程，所有的生产工作就这样停止了，所有的工人一整天都看着那些巨大的飞机停留在生产线上。与此同时，他坚定地表示，他相信大家一定能找到一种方法，能够在不延迟交货的情况下，大幅度地提高产品质量。刚开始，人们也是感到非常震惊，但在这位经理的不断鼓励之下，人们开始制定各种各样的战略方案来改进采购、物流和质量控制。

在步骤 4（关于组织沟通）中，人们试图通过符合逻辑的方式来解释，在这个纷纷提倡削减开支的时代，为什么仍需要给执行官们配备一间豪华办公室——其原因就在于改变办公室的结构和装修可能需要耗费更大的成本。但显然这种解释根本没有任何说服力，它只会增强人们心中的怀疑情绪。所以他们就“清空”了整间办公室，使其变得不那么有气势，这种做法给员工的心理带来了极大的冲击，并增强了他们对高级管理层以及他们所确立的愿景的信任。

在步骤 5（关于授权）中，经理们并没有惩罚那个与变革潮流背道而驰的家伙。相反，他们把他调到了一位客户那里，在那里，这个人每天都要面对客户由于使用他的产品而遇到的问题。他所看到的一切，对他触动很大。当他再次回到公司的时候，一位全新的经理人员诞生了。他开始以一种全新的心态投入到工作当中，并帮助公司进行了一些有益于客户、员工和公司本身的变革。

在步骤 6（主要讨论短期成效问题）中，一位经理并没有放弃说服一位非常有影响力的国会议员，也没有通过大量的表格和图形，来向他说明变革的必要性。相反，他用那些议员真正关心的东西，来引起他的兴趣，然后，开始大大减少那些非常荒谬而且官僚气息十足的表格。最后，他向这位议员展示了变革的结果，议员为此大为惊奇。结果，议员从此开始大力支持他的变革工作。

在步骤 7（促进变革深入）中，一支执行任务团队，明确地意识到了高级管理层的行为正在阻碍整个公司的变革流程。但他们并没有回避这个问题，也不愿意敷衍了事。结果，他们制作了一盘录像带，通过演员的滑稽表演，来说明问题的症结所在。对那些试图对整个组织进行变革的执行官们来说，这盘有趣而且不会导致对抗情绪的录像带，向他们提供了一个必要的工具，来规范整个管理层的行为。

在步骤 8（成果融入文化）中，职能部门的工作人员，撰写了一份演讲稿，上面清楚地列出了公司已经建立，并且需要维持和加强（如果它希望把变革的成果巩固下去的话）的价值观念。但真正的力量来自他们把一位真正的客户展示给员工的时候。他讲述了一个表明遵循这些价值观的重要意义的、让人振奋不已的故事。

通过这些故事，我们总结出了大多数在变革中取得成功的组织都会采用的模式：

1. **目睹** 在变革流程的某一阶段，人们发现了一个这样的问题——很多员工都过于自满，他们当中几乎没有人制定一份合理的战略，而且很多人甚至在战略实现之前就开始放弃。因此就需要制造一些富有戏剧性，并且引人注意的情景，从而帮助人们看到问题，并找出相应的解决方案。

2. **感受** 看到问题之后，人们就会产生一种积极的、有助于解决问题的情绪。紧迫感、乐观或信任等情绪开始增强，愤怒、自满、怀疑或恐惧等心理开始下降。

3. **变革** 新的情绪的出现开始改变原有的行为——或者强化新的行为规范。人们工作时的自满心理开始大大减少。他们会更加努力地将一个愿景变为现实。在完成工作之前，他们绝不会放弃，即使这条道路看起来非常漫长。

如何在 8 步骤当中的每一步改变人们的行为

大多数情况下都应当采用的核心方法：目睹—感受—变革

1. 帮助人们看到问题

通过一些戏剧性的、引人注意的情景来帮助人们发现问题，找出解决方案或者看到 8 个步骤中自满情绪、战略、授权或其他关键问题的解决情况

致使

2. 人们的情感受到冲击

看到问题之后，人们的情感受到冲击。他们开始从内心深处做出反应，那些阻碍变革的情感因素开始削弱，支持变革的因素开始增强

3. 人们的行为开始发生变化，那些改变之后的行为也得到了进一步的强化

很少有效的方法：分析—思考—变革

1. 向人们展示分析结果

收集并分析许多信息，撰写报告，并做了许多关于组织问题、可能的解决方案以及组织中的紧迫感、团队工作、沟通、士气下滑或 8 个步骤当中的其他问题的演示

致使

2. 数据和分析影响人们的思维方式

信息和分析改变了人们的思维方式。那些与必要的变革相抵触的思想开始得到更正或摒弃

3. 新的思维方式改变人们的行为，或者强化那些改变之后的行为

成功的目睹—感受—变革的战术，应该是比较聪明的，而且绝对不能流露出刻意操纵的痕迹。它们常常会产生比较深远的影响，在这个过程中，所讲述的故事将会广为流传，并在很长的一段时间内，对越来越多的人产生影响。当变革流程中的8个步骤全部完成之后，它们所产生的效果，应该是非常惊人的。原来（老套、沉闷而臃肿）的组织开始发生改变。以往的滞后者开始成为领头军，而以往的领头军则会在原有的基础上更进一步。

当然，我们并不是说数据收集、分析和演示不重要。它们还是非常重要的。在某些情况下，人们行为的改变，正是由于“分析”使人们步入“目睹—感受—变革”的过程。而在另外一些情况下，由感受引起的行为的改变，形成了一种更有效的分析方法。小的变革往往是大规模变革的一个必要组成部分，而这些小的变革，则通常是分析的结果。有时，在说服那些只看数据的金融界人士，或那些只对数据感兴趣的工程师们的时候，你必须给出详尽的数据分析。

但这种分析至少有三个方面的局限性。

第一，在很多情况下，你并不需要详尽的数据来说明问题。你或许并不需要进行大量的工作，来证明旧的战略是多么过时，或者新的战略并没有得到真正的实施。

你不需要一份 50 页的报告来发现公司的新产品开发力度不足，以及有很多因素使得工程师们无法开展必要的工作。你也并不一定要在阅读了一堆财务数据之后，才能意识到电子商务的必要性。如果弗莱德和他的团队的确有问题的话，你也不一定要请一些心理学家进行研究之后才知道这一点。是的，凡事都有例外——比如说，在就价值 1 亿美元的 IT 系统进行采购选择的时候，你就必须进行审慎的分析——但通常情况下，很多问题都不一定要经过烦琐的分析。

第二，在当今这个充满动荡的世界里，有时分析工具本身就有很多局限性。这些工具发挥作用的前提是非常严格的，它要求有充分的参数、最小的假设，以及明朗的未来。

第三，分析结果很少能真正打动人们。它的确能改变人们的思维，但却很少能有效地改变人们的行为方式。而且激励这个词本身也不是针对人们的思维的，它的对象是人们的情感。

在进行变革的时候，很多人之所以遭遇失败，其原因并不在于他们很愚蠢，受到过多的限制，或者毫无感情——虽然有时看起来的确如此。他们失败的主要原因，就在于他们没有对成功的变革进行足够的了解。在这种情况下，人们通常都会非常悲观、充满恐惧，而且根本没有足够的信心立即采取行动。结果，我们不仅会大大降低变革效率，甚至丧失了尝试变革的勇气。

当今世界是一个变革日益加速的世界，从工业经济向信息 / 知识经济的变革，是一个让人难以置信的过程，在这种背景下，想想我们的这种模式可能产生的影响吧。从经理人员、管理教育人员和其他人进行大规模变革的方式的角度，考虑一下这种模式的影响。

当然，变革的过程中总会充满困难，但悲观失望的心理丝毫不会有任何帮助。我们更加需要的是，敢于面向未来的气魄——虽然我们在这方面正取得越来越大的成就，但仍有很多较大的改进余地。

为了生存，我们必须不断改进自己。

如何使用本书

本书中所收集的故事都是非常重要的。作为一名读者，单单浏览图表、阅读文字，并不能帮助你从本书中学到很多东西。如果你的时间非常紧张，希望可以很快地从本书学到东西的话，我建议你可以先读三个或四个故事，然后再看看章节后面的图形。你可以选择那些与自己关系最为密切的故事，比如说，你可以选择步骤 1 中的“会议桌上的手套”，步骤 3 当中的“原地组装”，以及步骤 5 当中的“改造你的老板”。

不管通过何种方式阅读本书，你都可以随时拷贝其中的一个故事，将其转发给你的同事。这种故事流传得越广泛，因它而产生的有用的对话越多，你的组织就能从中得到越大的收益。

最近有一期《财富》杂志引用了杰克·韦尔奇的一句话，“在当今时代里，我们每一天每一分钟都必须讨论变革。”这种说法虽然有些极端，但或许它正是取胜的关键。

步骤 1

树立紧迫感

THE HEART OF CHANGE

在成功的组织变革中，步骤1就是确保有足够的人在做事的时候有足够的紧迫感——能够谨慎地观察自己的组织面临哪些机遇，存在哪些问题，能够激励自己的同事，培养一种“立即行动”的气氛。如果没有足够的紧迫感的话，大规模的组织变革就只能是一次将巨石推上山巅的练习。[一]

不好的开始

看看下面的故事，你是否见过它的翻版？

得到老板的批准

▸ 泰德·沃森（Ted Watson）提供

这里要解决的主要问题，就是如何实现组织运作的统一，这也是大多数组织都会遇到的。我们希望在进行任何活动的时候都采用同样的方法——无论你的工作地点是在伯明翰还是在水牛城。我们将使用统一的流程来采购一支钢笔、一部发电机或一把锤子。其目的就是要

㊀ 在希腊神话中，有著名的“西绪福斯苦刑”的故事。上帝为了惩罚西绪福斯，让他将一块巨大的石头推到山顶，在快到山顶时，石头又滚回原地，西绪福斯只能一次次重复曾经做过的工作，但巨石却永远不会到达山顶。文中此处的巨石即有这样的含义。——编者注

通过应用新技术来实现规模经济。

我们公司的执行委员会用了一个月时间，开会讨论包裹系统的改革。在此之前，执行官们已经收到了很多关于现有包裹系统的利弊的文章。一支小型团队已经仔细地进行了经济分析，尤其仔细关注了我们现有的软件程序。在这次会议上，他们提出了问题。“我们所面临的问题，大家都已经看到了。技术的发展为我们提供了一个巨大的机遇……”然后他们通过大量的表格和图形来清楚地摆明问题。执行团队在全神贯注地倾听。

大家纷纷提出问题。“这需要多长时间?”“还有谁在使用这种软件?”“别人使用这种软件的效果如何?”但很少有人提出异议，大家也没有进行任何真正意义上的讨论。会议上的对话、会前的非正式沟通、CEO支持，似乎已使人们达成共识。

然后，我们就开始实施。几个月之内，各个部门纷纷开始提出意见。“这到底要持续多长时间？在我的部门里，我们不能……”“我的部门的成本收益比并不令人满意。我们为什么……?”“你在转型团队中安置的工作人员所带来的干扰，已经到了让我们无法接受的程度。”我试图一一解释，但问题是我不可能回答所有这样的电话。

基本上，每个部门都有很多人希望以原有的方式经营自己的部门。他们可以接受新的软件，但前提是，除了降低成本以外，新的系统不能给他们带来任何不便。他们还是喜欢以前的那种财务报表，那种感觉让他们很舒服。他们希望按照自己的方式安排系统维护日程，而不希望听到别人在指手画脚。他们认为自己的紧急呼叫流程，只需要一些小小的改进，或者他们以往都需要五个人的签名批准才能进行一项采购，他们希望能继续如此。这样的问题铺天盖地而来，我每天都要忙于应付。

总而言之，我们遇到了问题。我们必须停下来，返回原处，重新开始。这是一项相当艰巨的工作，尤其是在重新开始的时候。

阻碍变革启动的，通常有四种行为。第一种是由于错误的骄傲和狂妄而导致的自满情绪。第二种是由于恐惧而导致的自我保护心理，它使得人们容易逃避现实，不愿意马上采取措施来面对问题。还有一种是由于愤怒而导致的漠然心理。最后则是一种极度的悲观心理，它会使人们在遇到问题的时候，经常犹豫不决。无论原因是什么，结果总是相似的。人们不愿意马上行动起来。相反，他们会退缩，如果是别人首先提出一项新行动的话，他们就会不停地抱怨，这就使必要的变革无法进行，或者无法顺利地启动。

在“得到老板的批准”案例中，变革领导者在采取这种方法进行变革的时候有一个模糊的前提：这些行为以及行为背后的感情并不存在，或者并不足以对管理委员会的批准产生任何抵制作用。这些都是非常重要的假设，它们甚至可以决定整个行动的成败，但在这起案例中，这些假设显然是不成立的。在这个组织的许多层次上，人们都有一种强烈的自满心理——“我们现在有很多问题，统一业务流程并不在我们的优先考虑范围之内。”以及恐惧心理——“我能在处理这个项目的同时，完成我原来的计划吗？”除了自满和恐惧之外，人们还有一种愤怒心理——“所谓的统一业务方式简直是废话，他们为什么要把这个理念强加给我呢？”还可能会有一种悲观心理——“我们将在这个软件上浪费一大笔钱，而它却根本不会起作用。”或者是讽刺心理——“我怀疑那个向我们兜售这个系统的家伙到底收到了多少佣金？”这些心理无疑会使整个变革流程陷入僵局。

好的开始

在下面的案例中，变革领导者根据完全不同的前提，采取了截然不同的方式，来启动整个变革流程。

客户愤怒的录像带

▶ 提姆·华莱士（Tim Wallace）提供

一天晚上，我设宴款待了一位大客户，以此来庆祝我们刚刚开始的合作。闲谈之间，话题涉及了我们的一种核心产品，这位客户告诉我，收到第一批货之后，他们要对该产品进行一些必要的改造。我们的一些工作人员认为这种做法不仅多余，而且非常可笑，因为所有的产品都是根据对方的要求定做的，对其进行改造不仅要耗费巨资，而且还会占用大量时间。但客户仍然坚持自己的意见，而且明显地对我们的这种答复表示不满。

意识到这一点后，我连忙表示歉意，并答应尽快派相关人员来处理此事。但对方并不肯就此罢休，他告诉我，“我曾经向你们的员工提出过这个问题，但他们根本不放在心上。”他还解释说，当他对需要进行的改造做了具体说明之后，我们的员工答应按照他的建议进行处理，但几个星期之后，同样的问题再次出现了。“我们再三要求你们的员工对产品进行改造，但他们只是心不在焉地应付我们，根本没有采取任何实质性的行动。”

我突然意识到，大概是因为我们公司的员工与这位客户接触太少，所以，他们不了解自己的做法可能产生的后果。于是，我问他是否同意我派人来用摄像机拍下他刚才所说的话。他对此感到大为惊讶，我随之向他解释了自己的目的，并且说明这样做对我们双方都是很有意义的。经过再三协商，他最后终于答应了我的请求。

第二天，我派了几名员工带着摄像机去拜访这位客户。他们请他在讲话的时候不要有任何的顾虑和保留，一切都照平时的样子。这位客户也基本上做到了这一点。拍摄进行了 30 分钟，经过一番剪辑加工，最后制作成一部长约 15 分钟的录像节目。

回到公司之后，我们在会议室召集了大约 50 人，打开电视机，那位客户的形象立刻呈现在大家面前，每个人都看到了他发怒的样子。

当时，大家的反应十分有趣。大多数人看来都非常惊讶。他们很少和客户直接打交道，所以，从来没有看到过客户会因我们的产品而发这么大脾气。我想有些人大概认为这只是一次例外，但他们还是目不转睛地盯着屏幕——实际上，有几个人甚至对着画面目瞪口呆。当然，也有些人认为这完全是客户的错。“他根本不懂。”“我们应该向他解释一下。”“原因是……” 不过有这种看法的人为数并不多。

看完录像，我们开始围绕如何解决当前的问题，以及如何提高客户满意度等问题，展开了讨论。大家各抒己见，纷纷出谋划策。虽然有些主意并不十分可行，但整个讨论进行得还算不错。

一共有400名员工看了这部录像。同样，仍然有极少数的人认为错不在己。可大多数人都觉得："我们得做点儿什么来解决这个问题。我们的确该做点儿什么。"而且我相信，甚至那些不愿认错的人，从此以后也会对客户的意见更为留意的。

我们制作了很多客户的录像，成本并不高。虽然并不能够通过这种方式来解决所有的问题，但却可以除掉前进道路上一个很大的障碍。这个部门原来隶属于我们并购的一家公司，该公司长期以来一直在行业中处于领先地位。因此，那里的员工大概都觉得自己是无可争议的行家里手。但无论在专业领域如何出色，他们却显然犯了一个大错误——没有把客户放在核心的位置，总是抱着一副"当然，很好，现在别再碍事，让我工作。我是行家，而你什么也不懂"的心态，这样他们就不可能摆脱窠臼，更好地为客户服务。

树立紧迫感是步骤1中所面临的主要问题。

导致这个故事发生的事件和导致"得到老板的批准"的事件有很多共同之处。这两家组织都有过非常辉煌的时期，而且它们都面临着更大的竞争和成本压力。为了迎接21世纪的挑战，它们都必须对自己原有的业务方式进行变革。但显然，故事的结果截然不同。

在"批准"案例中，变革领导者的工作重点，主要是如何得到管理委员会的批准，而他们所使用的方式也主要是通过分析来影响对方的思维。而在"录像带"案例中，领导者则把重点放在了如何培养工厂工人（或许还包括管理层）的紧迫感上面。他们所使用的方法主要是通过一盘录像带来影响他们的感情。在观看这盘录像带的过程中，观众会：

- 得到非常具体的视觉信息（而非抽象的数据，比如说"我们的客户中有 7.2%……"）。
- 接触到一种颇富戏剧性的信息传达方式（而非介绍客户情况的枯燥演讲）。
- 从客户（而非经理）的角度了解到真正的问题所在。
- 接收到那些能够影响情感的信息。
- 了解到大多数人（而不再只是局限于老板）的情感。
- 得到一个自觉减少自满情绪的机会。

结果就是：大多数员工都没有产生那种悲观、恐惧和愤怒的心理，相反，一种紧迫感在慢慢增强，大家都为即将到来的变革做好了准备。关键就在于那盘录像带。也许它的质量并不高，而且拍摄时所用的设备也并不昂贵。这盘录像带之所以会产生如此大的影响，主要原因就在于那位客户具有很高的可信度，而且他的评论是非常诚恳的。本来也可以用一份两页纸的备忘录，作为“客户资料”呈现给员工。但录像带之所以有效，是因为这是一种更加吸引人的方式。千百年的进化历程，使得我们更加容易记住自己所看到、听到和触摸到的东西，录像带的作用就在于此。人的眼球每一秒钟都会接收到大量信息。如果不相信的话，你可以比较一下一分钟的影像文件和一分钟阅读的文本文件的大小。视觉所带来的信息并不会停止在大脑的表层，它会很快地进入到更深的层次，促进人们思考。

客户愤怒的录像带

目　睹

在录像带里，员工们看到了一位非常重要的客户在发火。把这盘录像带交给员（工的人是一位非常可信的人，他并没有直接向下属发火（没有说“看看这个，你们这些混蛋！”）。

感　受

大多数员工都感到非常惊讶。有些人则感到恐惧，甚至发疯。许多人心里的自满情绪开始下降，一种紧迫感在慢慢地增强——“我们必须做些什么。”

> **变 革**
>
> 有些人开始为自己的行为辩解，坚持维持现在的局面。更多的人则开始（带有尝试性的）寻找问题所在，他们会和客户交谈，在讨论变革的需要时倾听管理层的意见。对于人人自以为是的组织来说，这的确是一项巨大的行为变革。

在这个案例中，录像带的放映是在一个非常平静的环境下进行的。没有类似于“如果不解决这个问题的话，我们公司就完了”，“这到底是谁的责任？”或者“我们必须行动起来，马上开始”的话。所以，没有人会因此而感到恐惧和愤怒。因为演示的气氛实际上已经降低了产生这两种心理的可能。

在“老板的批准”中，把项目强加给各部门经理的方式的确会导致和加强经理们心中的愤怒情绪。有些人不大了解一项复杂的新技术可能带来怎样的影响。对他们来说，这也是一种冒犯。这种方式肯定不会减少人们的自满情绪，更不会增强他们的紧迫感。

开展业务行动，获得公司顶级管理层的批准，本身并不是一件坏事情。但仔细观察那些成功变革的组织，你会发现，它们在最初期都会努力维护紧迫感。显然，数据和思维本身也并非毫无用处。但对于那些进行了成功变革的组织来说，它们只是作为一种铺垫，真正发挥作用的是一种更为有力的方法——一种能够帮助人们看到真相，产生不同感受，并能够带着更强的紧迫感从而采取行动的方法。

首先要确立一个变革“愿景”

人们开始一项变革流程并提出一些建议，其中一个重要原因是，需要澄清自己前进的方向。如果没有方向的话，你如何开始？而如果开始的时候方向感不明确，变革的风险就要大得多。

这就使得大多数人在开始变革的时候，都会首先确立愿景，然后对愿景进行修改，并最终将其变为现实。在很多成功的案例中，变革的第一步都是要首先选出一位愿景明确的领导者，或者是一位能够与人合作来确立愿景的领导者。

下面的例子说明了确立愿景的过程中可能出现的情况。故事内容主要是有关短期危机的，但无论在什么情况下，结果总是大致相同的。

当美洲鳄开始吞噬你的脚踝

▶ 尼克·皮尔斯（Nick Pearce）提供

如果要在未来继续生存和发展，我们就需要对整个组织进行一次大刀阔斧的变革。由于我们的组织所面临的都是非常明显的、危机性的问题，所以，并不需要花很多时间去吸引人们的注意力。因此，我就用前两三个月的大部分时间，为执行团队的讨论做准备。我们讨论了一些非常宏观的问题。比如说，主要的转型问题是什么？一个好的愿景应该是什么样子？我对这些问题进行了非常认真的思考。

根据当时的情况，我很难把高级管理团队召集起来进行讨论。为了确保这些人能够参加会议，我必须不断督促他们——即使我已经通过电话向他们进行过确认。如果听说有人不能参加会议，我会亲自了解情况，看看自己是否能够说服对方。在费尽九牛二虎之力，把他们“赶”到会议室之后，我仍然要保持高度警惕，因为肯定会有人说，“对不起，我一个小时之后要参加一个非常重要的会议，所以我可能要提前退席。”由于我不是他们的老板，这种问题始终无法避免。

在举行会议的时候，如果没有足够的热情，甚至没有足够的人出席，那结果肯定不会很好。我们的确曾试图把愿景写到纸上。但结果证明那只是纸上谈兵。高级主管们根本心不在焉。我投入了百分之百的努力，最终却仍然一无所得。

即便如此，我当时还是没有意识到，我们的短期问题是多么严重。一些新的合同需要进行协商和沟通。一些维护和运作日程必须通过不同的供应商和预算流程进行规划。还有许多新的系统需要人们开始掌握，否则我们就不能有效地进行服务规划。有的时候，我们会在距离实施只有三个星期的时候对这种问题进行规划。而在正常情况下，这一日期应该被提前到几个月。如果把所有这些问题都综合考虑起来的话，那将是一件非常可怕的事情。如果你是主要负责人，我相信你会有一种大厦将倾的感觉。

所以，我开始转移自己的全部工作重点。我抛弃了以往的那种召集会议的方式——“我们星期五开个会，讨论一下愿景问题”——而改为，“我们的维护程序出了问题，大家讨论一下，看看有什么办法。”这种战术立刻产生了效力，我们的高级管理团队开始对这些问题明显重视起来。在解决问题之后，我们会鼓励大家继续讨论一下，应该采取什么措施避免此类情况的发生。所以在讨论当前必要的投资项目的同时，我们还对未来的投资项目结构进行了分析。这就为我们讨论一些真正重要的问题奠定了基础，并使得大家对那些更大的转型问题产生了兴趣（或者说是一种紧迫感）。

现在我开始相信，在大厦将倾的时候，你不能——也不应该——为一些愿景性或者长期的转型问题担忧。

当你开始努力为自己的老板重建组织时，当你看到自己周围所发生的变革时，当你意识到必要变革的重要性时，你实际上就已经开始在为挽救局面而工作了。即使你希望告诉大家眼前的危机有多么严重，你的目的也只能是通过这种方式来吸引人们的注意，然后和大家一起为实现组织变革的愿景而努力。而在我们的组织中，眼前的危机根本无法引起人们的任何注意，更不要说让大家关注一些更为重要的问题了。

当美洲鳄开始吞噬你的脚踝时，你必须设法对付它。我认为你应该可以控制危机——至少在某种程度上。你必须在扑灭大火的同时，消除那些可能再次引发火灾的隐患。否则的话，人们就没有动力进行更大的转型，而且，更糟糕的是，你可能因此永远无法建立一个强壮的组织。

记得有一位 CEO 在兼并一家病恹恹的组织之后，曾经说过，“一个企业的发展愿景是我们现在最不需要的东西。”我当时并不理解他这句话的含义。现在，我懂了。

这位 CEO 或许就是郭士纳，他是在接管 IBM 之后说这番话的。当时，很多人都不理解其中的意义。IBM 需要的，正如我们在“当美洲鳄开始吞噬你的脚踝”中看到的那样，首先是停止公司当前的损失，然后在组织内部形成某种紧迫感，以迎接更大的挑战。愿景并非当务之急——而且远远不是。郭士纳或许已经开始在大脑中酝酿企业未来发展的愿景。但这并不是 IBM 当时面临的最主要的挑战，在当时的情况下，他绝对不应该把大量时间花在修改愿景上面。

当前，大多数企业存在一个更为普遍的问题就是好高骛远，尤其是在第三阶段（也就是制定愿景阶段）。领导者喜欢制定“长远愿景”，而不管自己的企业是否面临着现实的危机（比如说，在“美洲鳄”中）。直接跳入愿景和战略阶段都是非常有诱惑性的，因为它们看起来比较符合逻辑。一个很明显的道理就是，如果没有合理的方向，你的企业就不能实现合理的变革。因此设定方向自然也就成了企业领导者的第一要务。然后他们就会通过某种形式的“变革管理”，来实现自己预定的愿景和战略。

这种逻辑的问题在于：真正优秀的变革愿景和战略，正变得越来越难以制定。这个世界是如此复杂，我们所面临的形势每天都在发生着巨大的变化。即使是对于一家小公司，或者一家大公司的一个小部门来说，它所面临的形势都可能是非常复杂的。那种精明万分、能够只身率领企业奋勇向前式的孤胆英雄，正变得越来越不可能。在这种情况下，企业更多的是需要组建一支团队，这支团队应该配备适当的人员，能够承担比较艰苦的工作，而且要有很好的协作能力。而且这支团队的组建（步骤 2），应该在确立愿景（步骤 3）之前就已经完成。然后你需要找到适当的人选，确立大家完成艰难任务的责任感，并教会他们相互协作——而实现这一切的前提，就是要在他们心目中形成一种紧迫感。

当然，也有例外的情况。如果你已经建立了一支有效的团队，而且大家也都有了一定的紧迫感，这时你的第一步工作就应该是确立愿景。但在大多数情况下，变革的领导者们都对本组织内部的紧迫感程度判断失误。“大家都知道我们需要进行较大的变革，他们为此做好了充分准备，”有位变革领导者告诉我们，“哦，当然，并非每个人都是如此，但已经够了。”和该组织中的人（包括那些负责确立企业发展愿景的人）交谈，你就会发现，很多人认为自己的组织已经经历了太多的变革。你会发现有些人认为自己的组织只需要一些快速的调整；有些人会以自己太忙为借口，拒绝接受任何变革；还有些人则认为自己目前的工作方式非常好，不需要再进行任何变革了。那些总是把愿景放在第一位的人，有时也会对当前的变革领导团队做出错误的判断，他们把目光集中在该团队以往的表现上（实际上，这支团队可能并不能承担企业未来的变革任务），或者他们并没有看到这支团队的协作能力很低，不足以带领公司完成重大的变革任务。

再重复一遍：如果你的组织内部已经形成了足够的紧迫感，并且已经建立了一支优秀的管理团队，你的步骤1就应该是确立组织变革愿景。但在现实生活中，这种情况并不多见。

危机、燃烧的平台和恐惧

“美洲鳄”的故事还向我们提供了一个非常重要的教训——关于危机和恐惧的教训。

由于推动整个组织进行变革，是一件非常困难的事，所以你可能会认为，要想取得变革成功，整个组织就必须面临一场来自外部或内部的巨大危机。你还可能相信，苦口婆心的说服是毫无意义的，只有火烧眉毛的时候，大家才能意识到变革的必要性。

这种想法有一定的道理。你可以说，在“客户愤怒的录像带”的案例中，企业的领导者有意创造了一场小小的危机。但在大多数情况下，当谈到危机的时候，我们所描述的就像是一个正在燃烧的平台，火势熊熊，它迫使上面的人不得不采取一些措施，脱离当前的险境。“燃烧的平台”会给人们带来一定的变革压力，但它同时也会在人们心目中形成一种恐惧感，有时这种恐惧感甚至会阻止人们采取进一步的变革措施。有些时候，我们认为恐惧是一件好事，它可以大大消除人们的自满心理。的确如此。但在大规模的变革中，如果恐惧感不能被及时地转化为紧迫感，它就会成为一种阻碍变革的负担。当这种恐惧感达到一定程度的时候，人们就会把注意力过多地集中在一些当前的问题上，就好像在“美洲鳄”的案例中那样。有些人会找到灭火器，扑灭眼前的大火，然后又回到原来的平台上。有些人则会不知所措，躲藏起来，或者变得具有极高的自我保护性。人们可能会开始想，“管他什么见鬼的组织利益呢？我只求保护好自己就行了。”

了解这一点是非常重要的。恐惧能够促使人们采取行动，不再故步自封。但我们必须承认，没有一次大型的变革，是把恐惧作为一种首要而持久的推动力而获得成功的。紧迫感能够维持企业变革的动力。当我们遇到挫折，并且对某个团体感到极为不满的时候，恐惧听起来就是一个非常不错的主意——但它绝对不能帮助你在以后的几个变革步骤中取得成功，因为过多的恐惧会使人们将精力放在自我保护上，而不再去考虑整个组织的利益。当整个组织中有 50 人或 50 000 人都把自我保护作为自己的首要愿景时，你能够建立一个天衣无缝的协作团队，来领导整个组织的变革工作吗？你能够要求相关部门进行积极的协调吗？如果弗莱德的工作非常关键，而他的成功却要以海伦做出许多幕后的牺牲为代价，那双方合作的结果将会怎样呢？

但我只是个小人物

有时，即便理解了恐惧、愤怒、自满、紧迫和危机的作用，我们还是可能由于一种无力感而无法采取任何变革措施。“我不是老板。当自己本身的权力受到很多限制的时候，我又能为自己的组织做些什么呢？”组织的职员通常有这种想法，中层经理人员也会有这种想法，甚至执行副总裁都会有这种想法。而且这种“我没有足够权力”的感觉非常强烈，能够给人们带来很强的挫折感，有时甚至会使人们失去采取进一步行动的动力。

的确如此，在很多情况下，人们的行动都会受到这样那样的限制。但这并不意味着他们完全被束缚住手脚，不能采取任何行动。

下面是一个我非常喜欢的案例。在这个案例中，你将会看到，有些人在变革中真正起到关键作用，但他们比 CEO 的权力要小得多。

会议桌上的手套

▶ 乔恩·斯特格纳（Jon Stegner）提供

我们的整个采购流程都出现了问题。这些问题在过去曾经给我们带来了很大的财务浪费，如果不解决，这种浪费还将继续下去，而且我们甚至不知道自己究竟在这方面浪费了多少钱。在我看来，我们完全可以在今后五年的时间内，把成本降低 10 亿美元，而不是区区 2%。这也就意味着我们必须对整个采购流程进行较大的改进。但前提是我们的员工，尤其是高级管理层，必须看到这一机遇（实际上，在大多数情况下，他们都看不到）。所以我们迟迟没有采取任何措施。

为了了解问题的严重程度，我让一位暑期实习生进行了一项小小的研究，研究包括两项内容：1）我们为所有工厂中使用的手套一共支付多少钱；2）我们采购的手套品种一共有多少。我之所以选择手套，一方面是因为我们的所有工厂都使用它，另一方面是因为它很具有代表性。

研究报告表明，我们采购的手套品种多达 424 种。每家工厂都有自己的供应商，而且它们的采购价格也各不相同。即使是同样一副手套，一家工厂的采购价格为 5 美元，而另外一家工厂的采购价格可能高达 17 美元。5 美元或者甚至是 17 美元可能并不是一个大数目，但由于我们采购的数量非常巨大，最终就可能导致很大的差别。在看到她的研究报告的时候，我甚至无法相信这是真的。

这位实习生收集了所有424种手套的样本。在每副手套上贴了一个标签，上面写着这副手套的价格以及使用它的工厂。然后，她把这些手套按照部门和类型进行了分类。

我们把所有手套都集中放在会议室的桌子上，然后邀请了所有部门总裁来看。他们看到的是一张巨大而昂贵的桌子，在通常情况下，这张桌子是非常整洁的（偶尔上面也可能摆几张纸），但现在，上面却摆满了各种各样的手套。他们盯着这张桌子看了一会儿，然后说了一些诸如此类的话，“这就是我们采购的手套？”显然，答案是肯定的。“真的？”没错，真的。然后他们绕着桌子走了一圈。我想，大多数人都是在找自己工厂所使用的手套。他们可以看到价格，结果发现：即使两副看起来完全相同的手套，一家工厂的购买价格为3.22美元，而另外一家工厂却花了10.55美元。

大家全都哑口无言，这种情况并不多见。但那天的情况的确如此。

这次展示很快产生了应有的效果。这些手套成为巡展的一部分。它们到达了所有的部门，所有的工厂。许多人都有机会看到这些手套。巡展也因此而使整个组织更加清楚地意识到“公司的采购流程到底有多糟”。

在让一位暑期实习生进行了更多研究（速度很快，而成本也不高）之后，我们对竞争对手的采购行为有了一定了解，并把“竞争性基准”列为新的巡展内容。通过这种方式，整个组织都意识到了进行变革的必要性。人们开始相信，“是该采取措施的时候了”，然后我们马上行动，从而实现了大量的成本节约，并把节约的成本投入到了更为理智的用途上。

直到今天，人们依然在谈论着手套的故事。

在“手套”的故事中，正如我们看到的那样，在组织变革中发挥主要作用的并非公司的老板——而只是一名暑期实习生。但正是这些人帮助启动了公司整个采购流程的变革，并因此而实现了数亿美元的成本节约。

他们所使用的方法有点类似于“客户愤怒”，在说服人们的时候，他们所使用的主要手段并非理智的分析，而是具体而真实的证据。使用你所能看到的证据，而不只是语言和数字，创造一种富有戏剧性的、能够为人们所看到的场景。以事实为根据，而又不带任何强制性的演示，是一种最好的说服方式。结果——这也是关键所在——人们会因此受到感动，并进而发生改变，同时又不会在对方心中造成恐惧或愤怒的消极情绪。相反，随着紧迫感的不断增强，整个组织的变革自然也就开始了。

廉价而简单

“手套”和“录像带”给我们带来了又一个非常重要的启示。你并不需要耗费百万美元和半年之功，才能为一次大规模的组织变革做好准备。实际上，很多的准备工作都可以通过一种迅捷而廉价的方式来完成。

下面我们就给出了这样一个例子，其中谈到的企业就以一种廉价而简单的方式，开启了整个变革流程。在这个案例中，变革领导者使用的不再是录像带或手套，而是画像。

CEO 画像廊

▶ 让·马歇尔（Ron Marshall）提供

当你走进我们总部的主建筑群大厅时，首先看到的就是一位接待小姐，她的左边是一小片休息区，里面有几把椅子，还有一张咖啡桌，上面摆放着一些杂志，以供来访者在等候时打发时间。在休息区的正对面，有大约十张前任总裁的画像，他们看起来都非常严肃。每次走进大厅的时候，你都会看到这些画像。同样，离开大厅的时候，你也要经过这些画像。自 1885 年起的每一位

CEO 的画像都被挂在这里，这些油画像都非常正式，它们标志着这些 CEO 们的丰功伟绩，也展示了公司在过去的岁月中所取得的不凡成就。年复一年，它们一直被挂在那里，像慈祥的父亲在注视着来来往往的人们。

画像廊的意义主要有两点，在向那些伟大的 CEO 们表示敬意的同时，也寓意着公司精神的延续和传承。但同时还表明了对于过去的一种回顾——在我们当今生活的这个时代里，回顾过去往往只会给你带来麻烦。这是一种永远成功的象征，尤其是在我们不是那么成功的时候。它也是对 CEO 工作的一种承认（同时，它也以一种极其微妙的方式，暗示着那些非 CEO 们的工作可能就不是那么重要了）。它使我们（CEO 们）和其他人之间形成了一种鲜明的对比。而且从某种角度来说，它实际上也是一种圣殿。除了我们公司之外，我只在 Woolworth 见到过这种画像廊，但 Woolworth 显然不能被当作 21 世纪企业发展的典范。

有些高级主管问我，“他们打算什么时候把你的画像也挂上去？”我的答案是“永远不。”这次谈话之后，我就让人把所有的画像都摘掉了。对于一家历史悠久而又非常注重传统的公司来说，这种做法是相当令人震惊的。关于这一举动的评论很快就传播开来，我根本来不及做任何解释。

我们可以什么都不做，只是在那里留下一片空白；我们也可以在上面挂上一些其他的艺术品，或者是博物馆藏品的复制品；或者也可以把现在的执行委员会成员的照片挂上去；或者是挂上我们的产品或设备的照片。所有这些做法都有一定的意义。但我们最后挂上的却是客户商店的照片。

它们并非出自著名摄影师价格不菲的大作。而只是客户商店的照片。很快，这一行动也成了公司议论的焦点。

就在这些照片被挂上去之后不久，一些执行团队成员就开始来到我的办公室告诉我，“是该把目光集中在客户身上的时候了。”在公司餐厅里，我偶然听到了我们的两位合伙人的谈话。其中一个人说，他认为我们早就应该把那些老画像摘掉了，“如果真的要改进客户服务水平，我们首先就要建立新的形象，而不再只是那种老套的自吹自擂的演讲。”

这只是一个小小的改变，但却很有效。人们开始更加注意客户，并对他们的要求给予更多的关注。事实上，如果我们不采取措施，不去关注客户的需求变化，不去反思我们的服务与客户需求之间的差距，我们的企业就不可能拥有良好的发展前景。

我的一位同事，哈佛大学心理学家史蒂芬·考斯林

（Stephen Kosslyn）建议了另外一种有趣的方式——仍然是展示 / 感受的方式。根据他的建议，新挂上去的图片可以由三个部分组成：左下角是一位正在向右张望的前任 CEO，他的正上面是其在位期间的公司大楼，而右边则是当时公司客户的商店图片。图片的大部分内容都是客户商店，再加上一位正在注视这家商店的 CEO。这种布局其实可以传达一种稍微不同的寓意。CEO 对客户商店的关注，充分表明了公司对客户的重视。公司大楼的变迁则表明了，这是一家随时都准备进行自我调整的公司。这种做法仍然能够给观者带来巨大的视觉冲击，而且它也不会令那些对前任 CEO 的历史怀有深厚感情的人们不满。

显然，一次廉价而简单的举动远不及一针见血的刺激来得有效。在有些情况下，尤其是当你非常成功的时候，拍摄录像带、更换画像，还有许多其他工作都是必要的。就在你阅读本书的时候，很多人都正成功地采取许多类似的行动。变革领导者们会从外面引入许多已经具有一定程度紧迫感的新人，如果做得好的话，新来者的行为能够以一种非常有效的方式，引起公司其他人的注意。变革领导者们能够找到其他方式，来让自己的下属、同事，或者老板，去访问那些更加成功的公司。这些公司的某些更高明的做法，会引起他们的注意。在设计年度管理层会议的时候，变革领导者们也会充分考虑到，如何体现一种脱离传统的精神。需要注意的是，在参加这种会议的时候，高级管理层的行为（而不只是言谈）一定要表现出紧迫感，这本身就能吸引其他与会者的注意。变革领导者们会邀请那些有价值的客户，参加公司日常的管理会议，并认真倾听他们的意见。如果方式得当，整个公司的紧迫感都会得到进一步增强，而组织变革工作也就有了一个好的开始。

不妨一试

▸（你可以自己完成这项练习，但如果能够邀请一些朋友共同进行的话，效果会更好。）

1. 对于那些你能够施加影响的组织（可以是公司，也可以是公司的某个部门）而言，它们是否有进行大规模变革的必要？当你的竞争对手正在不断进步的时候，你的组织是否在止步不前？是否存在一些别的组织正在充分利用，而你的组织却忽视了的技术断层？你是否过多地受到了历史的影响？你当前是否面临着一些绝佳的新机遇（但需要你进行较大的变革）？如果答案是肯定的话：

- 你的组织对待这些问题和机遇的紧迫感程度如何？
- 是什么行为（而不只是言语）使你得出这个结论的？
- 是什么导致或支持着这种行为，其背后的情感是什么？考虑下列可能：组织以前所取得的成功；那些不能很好地对照外界参数，来衡量组织当前成就的系统；缺乏与客户的接触；一些脱离当今市场现实的标志；过剩，当其他组织在大力削减成本的时候，你的组织却在胡乱花钱的例子；老板们过于关注组织内部；没有将本组织与竞争对手相对应的业绩数据进行广泛共享；管理层过于乐观，以致脱离了现实世界；与竞争对手相比，你的组织制定的总体业绩衡量标准过低；一种不大鼓励人们畅所欲言的组织文化；只注重个别单位愿景，不顾整体绩效。

2. 你该采取哪些具有戏剧性，能够抓住人们的注意力并印象深刻的手法，有效地提高组织紧迫感呢？

- 你可以向人们展示一些已经存在的事物吗？比如，一位对你们的产品或服务不满的客户？
- 你能创造一些新的场景，来突出问题的严重性吗？像在“手套”或“画像廊”案例中的做法那样？
- 你能采取一些间接的方式吗？比如说，向一位老板展示他/她的下属如何向他们/她们的下属灌输一种盲目的自满心理？
- 如果你从来没有采取过我们上面提到的措施，你能找到一位已经有过类似经验的合作伙伴吗？

- 提示：在思考这些问题的过程中，我建议你尽量找一种廉价而简单的方式。记住，你要管理的是整个组织，而该组织每天都要不断向客户提供产品和服务。你要实事求是，但又要注意寻找和把握机遇。

3. 要时刻保持警惕！

还要提醒你记住一点，如果听众和时间都把握得非常好的话，一份好的分析报告（或者你对我们在上面谈到的第1点的问题的回答）也可能非常有效。但如果这份报告没有足够的视觉冲击力、没有戏剧性、不够吸引人，也无法让人记住的话，它的作用将会非常有限。

STEP 1

步骤1

树立紧迫感

你要在组织内部形成一种紧迫感，使人们意识到进行变革的必要性，从而为即将启动的变革做好充分的准备。

行得通的方式

- 向别人展示一件非常吸引人，并能够为人们所实际看到、摸到并感受到的事物，以此使他们意识到进行变革的必要性。
- 向人们展示来自企业外部富有戏剧性的证据，以此来表明企业需要进行变革。
- 经常寻找一些廉价而简单的方式来降低组织中的自满情绪。
- 永远不要低估组织中存在的自满、恐惧和愤怒情绪——即使在非常优秀的组织中也不例外。

行不通的方式

- 仅仅注重建立一个“理性”的商业案例，只追求得到顶级管理层的批准，只顾向前冲，却丝毫不考虑企业内部存在可能会阻碍变革的情绪。
- 对紧迫感的必要性认识不足，直接跳到为组织变革确立愿景和战略的环节。
- 过于强调危机的重要性，相信如果没有一次危机或一个燃烧的平台，组织变革就永远无法取得成功。
- 总是抱有这样一种想法，“我不是组织的最高领导者，我能做的事情非常有限。”

需要记住的故事

- 得到老板的批准

- 客户愤怒的录像带
- 当美洲鳄开始吞噬你的脚踝
- 会议桌上的手套
- CEO 画像廊

步骤 2

组建领导团队

THE HEART OF CHANGE

紧迫感有助于组建一支适当的团队，指导整个变革流程，并在团队内部完成基本的团队工作。有了紧迫感之后，就会有更多的人愿意参与决策——即使他个人可能会因此而不得不承受一定的风险。也会有更多的人愿意组织起来，即便在短期内，他们个人不会因此而得到任何形式的回报。但如果想要建立一支人选适当，而且充满信任、责任感和团队精神的团队，来完成变革领导工作的话，你的组织还需要开展一些其他的工作。这也正是我们将在步骤 2 中谈到的主要问题。

当团队还不是一个团队的时候

步骤 2 中的一个普遍问题就是：那些应该推动组织变革的人，没有尽到自己的职责，而且没有人愿意直面眼前存在的问题。

蓝帮对绿帮

▸ 盖里·洛卡特（Gary Lockhart）提供

没有人愿意承认这一点，大家都拒绝谈论这个问题，但人们俨然已经分成了两个帮派，蓝帮和绿帮。当然，我们并没有拳脚相向，因为曾经有人告诫过我们，“我希望你们能彼此友好相待。”我们没有相互攻击，唯一的原因就是还有“警察”在管着我们。

所有这一切都是自合并之后开始的。我们也知道，为了建立一家新的公司，我们必须相互配合，协调行动。但这并不容易，因为虽然外界大都认为，我们这一行业的公司之间没有什么区别，但事实并非如此。我们两家公司提供完全不同的产品，各自具有不同的长处和短处，企业文化也各不相同。我们首先需要确定，自己是想成为公司 A 还是公司 B，然后使其成为现实。

没有人愿意公开谈论这个问题，但我们知道高级管理层是不会管这件事的。有些人去一家著名机构进行咨询。他们读了一些很好的书，会见了一些了不起的人物，得到了许多建议。他们共同起草文件，相互之间以礼相待。如果你走进会议室，问他们是否属于同一个团队，你得到的答案可能是，“当然。我们属于同一团队，有着共同的价值观念，只要看看那些表格你就知道了。”但这又是假象。

由于彼此之间缺少真诚公开的交流，召开会议也没有取得什么明确的结果。即使人们有什么不满，他们也不会坦诚相见，相反，他们只是会把自己的真实情感隐藏起来。

你或许和人进行过这样的对话，其中对方会告诉你，“关于建立营销部门一事，我认为杰里·强生是最佳人选。他有16年的工作经验，而且成绩相当优异。他非常擅长X和Y，对Z也并不陌生。”这是来自绿帮的某个家伙。当然，杰里是一名绿帮成员。接着蓝帮的一位成员就会说，“好吧，听起来杰里是个不错的人选，但我们当前这份工作的主要任务是这样，所以虽然杰里非常优秀，但我担心他在这方面并没有太多经验。显然，弗莱德·琼斯的经验相当丰富。”当然，弗莱德·琼斯是蓝帮的一位成员。然后绿帮的一位成员又说了，“你说的的确有一定道理，但如果你仔细分析杰里的话——顺便说一句，我跟他非常熟悉，所以我完全可以这样说——你就会发现他是一个非常善于学习的人，所以我相信，他完全可以在很短的时间里，学会完成这项工作所需要的所有技巧。”与此同时，你几乎可以听到谈话中的火药味开始变得越来越浓：“你们的人已经占据了太多的重要工作岗位。如果这种形势继续下去的话，我们就不客气了。”“哦，是吗？你是想和我打一架吗？现在的局面是七比五，我们占优势。你真的想干仗吗？别忘了，我们这边带头人的绰号是‘刽子手’。”“你们太过分了。我们的拉里也不是好惹的，他打起架来也是一把好手。”

没有人愿意，或者至少没有人能够想出一种办法，来开诚布公地谈论这个问题。公司合并所带来的政治斗争非常复杂。在讨论实质性问题的时候，人们总是顾左右而言他。与此同时，公司所面临的问题正变得越来越严重。

两家公司根本没有实现彻底的合并，合并之前所预测的规模经济也成了一团泡影。更糟糕的是，公司的发展速度因此而大大降低——在当今这个瞬息万变的社会里，这绝对是一种找死的行为。的确，合并曾经使公司的股票在较短的时间内实现了升值，但那只是昙花一现。

由于公司高层领导之间存在着严重分歧，整个组织根本无法形成足够的合力来进行艰难而必要的实质性变革。强烈的挫折感使得公司 CEO 曾经想要避开高级管理团队。但他知道，至少是出于本能，这是不可能的。因为即使是一个天才，也不可能拥有领导一家组织（小团体例外）进行变革所需要的时间、技能、关系、声誉、领导力和精力。公司的其他人，也是出于挫折感，曾经建议将任务分成许多大块，然后分派给不同的任务小组。但试验结果证明，这种方法的作用非常有限。如果连 CEO 都无能为力的话，下面的任务小组怎么可能完成任务呢?

大约一年之后，我们聘请了一位颇受尊重的主持人，来主持公司的管理层会议。我们组织公司中的 100 名高层管理人员，在西北大学的会议中心举行了一次会议。

在这次会议上，开始第一次讨论实质性的问题，当然，也就是高级管理层本身的问题。

主持人开始努力想让大家进行真正的交流——可最终他本人都要发疯了。他意识到，虽然与会人员都表现得彬彬有礼，而且非常注意自己的言辞，但大家其实都没有涉及问题的实质。所以我想，在他看来，如果大家都不能进行自我反省的话，当前管理层这种一盘散沙的局面，就根本无法得到彻底的解决——事实上，他也是这么说的。所以，他首先就开始讨论公司内部的两派对立情况。

在主持人让我们自由发言之后，第二天的会议就开始充满了“诚实的对抗”。一旦我们开始说出自己的真实想法，管理问题就被以一种前所未有的方式直接提到议事日程上来——大家也就开始了一种更为坦率的对话。人们开始表达自己的真实想法。“我们的观点是……”其他人也开始表达自己真实的意见，一切都棒极了！会议结束的时候，大家彼此之间已经建立了真正的互相尊重。

就这样，我们的“领导团队”最终开始成为一支真正的领导团队。当然，一切都还远没有结束。在我看来，这次会议只是为我们提供了一个良好的开端。而且一旦双方交流的渠道被打开，它就很难再退回到原来的状态。前面的道路还很漫长，但这次会议给我们带来了一个好的开始，由它引发的更为坦诚的对话将帮助公司的高级管理团队成员之间建立一种相互信任，并最终形成一支真正的领导团队。

很显然，开始的时候，这家公司并没有注意到步骤2，但它及时而理性地进行了一场关于“价值观”的讨论，并最终解决了团队建设问题。在这两个案例中，导致分裂的潜在情感因素、破坏组织建立一支足够强大的领导团队的因素，以及妨碍组织取得进一步发展的因素，都在很大程度上得到了避免。从这两个案例中，我们也可以看出，要想避免这些因素，人们之间必须开诚布公、坦诚相见；大家必须考虑到其他人的情感，同时又不会伤害到任何人。然后一支能真正领导变革的团队才得以（逐渐地）建立起来。

“蓝帮对绿帮”案例中描述的细节可能并不具有代表性，但该公司所面临的基本问题还是具有普遍意义的。如果没有一支强有力的领导团队，一个企业就不可能进行真正的大规模组织变革。无论团队中的个别成员有多优秀，一支人心离散的管理团队是不可能带领公司取得成功变革的。即使公司的CEO是一位能够力压千钧的英雄人物，他也无法完成全部的工作——由于时间和精力的限制，他不可能单凭一己之力领导整个组织的变革。任务小组也没有这个能力，如果你把领导公司变革的希望寄托在他们身上，那只能导致一场笑话——如果你是该小组成员，你会发现这将是一个非常痛苦（而非滑稽）的过程。

在进行大规模变革的时候，你需要的是其他东西。

组建一支有效的领导团队

一支强有力的领导团队，通常具有以下两个特点。首先，它由适当的人选组成；其次，它体现出了一种团队协作。所谓“适当的人选”，就是指那些具有适当的技能、领导能力、组织可信度以及关系，来处理某种具体形式的组织变革的人。这种人不一定是普遍意义上的“优秀人选”，他也不一定是现有的高级管理委员会成员。

对于那些选错了人的领导团队来说，这种情况是很多因素导致的，其中最主要的就是历史原因。正如我们在“蓝帮对绿帮”中所看到的那样，合并之后，公司的高层管理团队完全是一种权力政治的产物。在这种情况下，组织管理过程中就不可避免地存在很多任人唯亲的弊端。但人们没有直接面对历史遗留问题，反而对眼前的问题采取了避而不谈的态度。我们让一支不适当的团队来管理公司，或者干脆把工作丢到其他地方。出于一种悲观或讥讽的心理，我们可能会认为这种逃避的做法是公司政治不可避免的结果。但事实并非如此。

蓝帮对绿帮

目　睹

一位公正的人开始直面这个问题——合并之后，并没有一个真正的团队来整合以前的两种企业文化。他正确地指出，组织内部存在着两支相互竞争对抗的团队，而管理层甚至都不愿意承认这种问题的存在——更不要说去采取措施解决它了。当他开始鼓励人们进行公开诚实的交流时，更多的人也开始公开讨论组织所面临的实质性问题。

感　受

人们感到震惊。随后有些人（第一次）开始乐观——他们最终将成功地解决这个问题。挫折感和愤怒感开始下降。

变革和目睹

逐渐地，领导团队开始就存在的问题展开诚实对话。这些对话并不容易，但它们确实发生了，而且是人们面对面地进行交流（而非通过备忘录的形式），所以小组中的每个人都看到了两支团队之间的这种互动。

感　　受

两支团队之间的那种互不信任开始削弱。一种乐观的精神开始慢慢增强；愤怒的情绪继续减少。

变　　革

变革领导小组开始变得越来越协调，逐渐由原来的两派势力转化为一支团队。

新型而更富多样性的团队

▶ 汤姆·斯佩科特（Tom Spector）提供

一段时间以来，我们公司一直处于不断兼并收购的狂潮中。我们收购了一些大型竞争对手，并将它们整合到我们的业务运作中。这是一种相当成功的商业模式，我们因此非常成功，也推动了公司的长足发展。但现在，收购范围已经达到了极限——没有其他公司可以供我们收购了。剩下的同行业竞争对手都非常强大，我们根本没有收购它们的能力。结果，我们开始考虑企业转型：将公司由一家依靠兼并实现增长的企业，转化为一家依靠组织成长来取得发展的企业。这就要求我们在公司的内部运作和客户服务方式方面，做出切实的变革。

我们的管理团队在运作以往以兼并为主导的商业模式时，表现得非常出色。随着公司商业模式的开始转型，事情也在发生变化。我至今还记得，去年秋天，我与我们的一位高级管理人员一起喝咖啡。他平静地对我说："以前我们通常会兼并一家企业，然后不遗余力地将其整合到整个企业中，这是多么让人激动的事啊！可现在不同了。"我觉得绝不只是他一个人在这么想，整个管理团队都有这种感觉。谈判、兼并、整合已经不是那么重要了。我们现在需要一支能够不断与庞大的员工群体进行沟通，做到事事公开，能够处理很多软性的问题，并敢于授权给其他人来完成工作的管理团队。

以前那些谈判团队和其他管理委员会的规模都很小，大家之间容易协调，也比较容易齐心协力。这些人加在一起有数百年与银行业打交道的经验，他们的想法（甚至外表）看起来都非常相似。所以，我们可以组建一些规模较小，同质性却很高的团队，来领导这家巨大而多样化的公司实现由规模扩张向内部增长的巨大转型。

如果我们的首席运营官杰克听凭这种局面继续下去，我们的公司或许仍旧是由一群经验和技能都非常相似的人来管理——即使他已经替换了一些人，来实现由外部成长向内部增长的转变。我相信有一些人，可能是很多人，抱有这种希望。但事实却并没有按照他们期望的方向发展。

我记得曾接到杰克秘书的电话，她告诉我，杰克想见我。“我们希望你能参加我们的运营委员会，”他告诉我，“你的视角非常独特，而这对我们公司未来的发展是很有帮助的。”我感到非常惊讶和荣幸。管理委员会？我非常愿意成为这支团队的一分子。他又说道：“你可以通过自己的努力来创造我们的未来。我们所处的这个行业很快就会度过它的转型期，时间不多了。同时，这对你来说也是一个难得的机遇，我们认为你应该好好珍惜它。”这的确是一次非常振奋人心的会议，我马上签了字——即使当时我还没有参加过运营管理委员会的例会。

如果说，我开始时没有完全理解，自己为什么被邀请加入这个团队，第一次会议就给了我很好的解释。会议室里各种各样的人都有，简直令人震惊。公司的所有主要部门都有代表参加——财务部、人力资源部、公司事务部和IT部，等等。他还选择了四个地区领导和一个来自资产管理部门的领导，参加这次会议。他从国际财务部选拔了四位主要领导人，其中一人在加入本公司前，曾经为高盛银行工作过一段时间。他的选拔范围延伸到各级领导，而不只局限于他的直接下属。总体上来说，新的管理团队具有很大的多样性，其成员也都拥有不同的背景，每个人都有着自己的观点。新的团队不仅在人员技能上具有很大的多样性，而且其结构本身，也在很大程度上体现出了这种多样性。我们代表着整个公司。

毫无疑问，管理这样一支团队是一个巨大的挑战。但在杰克和其他一些人的领导之下，到目前为止，一切工作还都处于一种正常的运转状态之中。由于新的团队具有很强的多样性，所以你不能指望凡事都能轻易地取得共识，而问题也就在于此。在通常的谈话中，我会说一些类似的话，“公司取得发展的唯一途径，就是在职业培训上加大投入。我们需要投资开发一个新的在线学习项目。我们的员工要在正在转变的组织中取得成功，就必须掌握不同的新技能。”这当然会与约翰（他来自财务部门）的观点发生抵触。他会说：“我不同意。我们需要进一步降低成本，减少开支。人员培训的问题可以留待以后再解决。但首先我们需要理顺整个流程。”当然，从某种程度上来说，我们两个都没错。所以我们必须进行进一步的沟通。最后，我们通常会得出一个更加平衡、更加富有创造性的解决方案。

我们依然处于组织变革的早期阶段，但到目前为止，整个团队似乎干得非常不错，在一定程度上达到了我们的预期要求。我们正在开始对整个公司的发展方向进行调整，以使其更加适应当前的新形势。推动这场变革的团队，将为整个公司带来一种全新的理念，其结果将在很大程度上影响到公司的前途命运。而且它带来的观点将更加客观开放，也更加富有创造性。而且，由于已经在整个公司范围内建立了很高的威望和信誉，它将有能力把自己的意图更加有力地传达到公司的每一个角落——当我们需要进行大量信息沟通的时候，这一特点就显得非常重要了。

但在大多数情况下，人们都采取了放任自流的态度。最终的结果，就是形成一个无法真正领导变革的小组——即便小组成员从个体上来讲都非常“优秀”。

在大多数非常成功的组织变革中（比如说我们上面谈到的这个案例），有效的领导团队都是通过下列方式建立起来的：

1. 一个具有强烈紧迫感的个人，通常会带动第一批人。

2. 然后他会找适当的人选，组织一个团队。为了使整个团队具备所有必要的素质，他需要选拔各种各样的人才，这些人必须：

- 对企业或团队外面的情况有一定了解（这是确立愿景的一个基本条件）。
- 在组织内部具有一定的可信度、关系和地位（这是将愿景传达到整个公司的一个必要条件）。
- 对企业内部运作机制有一定的了解（只有这样，他才能消除那些妨碍授权的因素，从而使执行人员能够根据企业发展愿景采取必要的行动）。

- 具备与规划、组织和控制相关的正式权威和管理技能（这是帮助企业取得短期成效的一个必要条件）。
- 具备与愿景、沟通和激励相关的领导技能（这对变革流程的几乎所有方面都是必要的）。

3. 在组建团队的过程中，你需要引入人才，而且在有些情况下，你还需要把一些人推出去。

- 所谓“引入”人才，就是指你要让其他人意识到，被选中的人所做的工作是非常重要的，而且他们应该受到必要的尊重。然后人们就会理解为什么他们会被选中。更为重要的是，他们会因此而受到触动。所以，他们会感到一种激励，在接到任命的时候就会更加欣然——而不再会惊呼“哦，天哪！又要加入一个任务小组！”在那些非常成功的变革中，即使已经在指导小组中待了一段时间的人，也会因此而受到激励。人们依然会被“引入”一个指导小组来推动组织变革。
- 类似地，随着充满多样性的新的小组所受到的压力不断加大，人们就会被重新引入到小组中，在这个过程中，他们会采取一些能够导致某种信念和责任感的行动。在“新型而更加富有多样性的团队”中，杰克在开始的时候是执行任务的核心人物，所以他得到了其他人的帮助。

- 如果一个团队的构成有问题的话，“引入”就意味着领导者需要采取措施来纠正问题——即便这有时会意味着你要开除一些人，或者完成一些艰难而在情感上较难接受的行动。在这种形势下，安于现状和沉湎于过去都是没有意义的。

4. 在大型的组织中，随着组织变革的不断开展，一些级别相对较低的新团队开始形成。这些团队的任务，主要是推动本单位内部的组织变革。一旦企业中各个级别的变革领导团队开始形成，推动企业变革的组织的称呼就应该由“领导团队”转变为“领导联盟”——因为我们很少会把一个50人或500人的组织称为“小组”。如果一次大的跃进，只是为了帮助大型组织中的一个部门，或者一家小型企业的所有部门取得进步的话，那一个领导团队或许就足够了。

在很多情况下，这种模式（甚至是近似的模式）并不多见。任务小组的问题具有很大的普遍性，尤其是在系统项目中，你会经常看到这种情况：一家公司的执行委员会批准了一笔数千万美元的开支，把责任和任务交给一个 12 人（这些人大都来自组织内部）的任务小组。当你就这种做法征求执行官们的意见时，他们会说："这些人懂技术，所以这项工作必须由他们负责。"然后任务小组的成员就开始专心完成自己的工作，但并没有人指望他们能制定出项目目标，事实上，他们也没有。而当他们试图就自己的愿景或计划，与别人进行沟通的时候，很多人都认为他们的愿景或计划是不可信的，有的甚至采取视而不见的态度。当他们遇到障碍的时候——来自中级管理层的威胁，错误的报酬计算公式，一个执行副总裁的抵制态度——他们就会感到巨大的挫折，并开始寻求让更高一级的领导来帮助解决这个问题。但高级管理层正在忙于其他事务——这不关他们的事，他们不是软件设计师——所以他们根本不会采取任何实质性的措施（即使有的话，也是非常缓慢的），来帮助技术人员解决当前的问题。其他人则会做得更少，因为没人愿意为这个任务小组牺牲自己的利益，尤其是当他们怀有这样的疑问时："如果这次变革非常重要，为什么我们真正的老板不亲自过问呢？"

意识到个人和委员会存在的问题之后，备受挫折的系统顾问常常会被迫组织复杂的管理架构，他们将因此而与各种赞助商、跨部门的任务小组、所有者团队或所有者们打交道。这些复杂的结构，通常比单一而软弱的委员会更为有效——实际上，这也正是人们之所以会使用它们的原因。但这种方式的效果通常也十分有限。因为这些管理系统虽然非常复杂而庞大，但它们却很少处于企业的权力核心，所以也很少掌握真正的权力。在大多数情况下，这些管理系统只不过是现有管理系统的一种重复，它们实质上体现的是，企业内部现有的各种正式和非正式的关系——正是这种关系使得整个组织得以正常运作。这种做法就像坐在房顶上，从烟囱里伸下一个工具，而要移动室内家具一样荒唐。而且在大多数情况下，支撑这种重复的管理系统的，都是一些已经有了全职工作的人。当他们发现自己所处的结构运作出现问题，而且这是一份吃力不讨好的工作时，就会想方设法尽可能减少相关的时间和精力投入。这就会使得系统的运作情况更加恶化。而且复杂的重复系统通常会加重公司内部的官僚气息，大大降低决策过程的效率和速度。某些极端情况看起来非常愚蠢。就好比有一对夫妻，当他们的孩子需要学习一些新的技能时，他们却提出了一份需要由国家儿童服务局、教育部和州长的新技能任务小组来共同协作的解决方案。这难道不是一件很愚蠢的事情吗？

即使明确了愿景，也可能由于实现愿景的方式过于机械，而最终归于失败。“你现在属于这个新团队了。这是日程安排。你的工作是……”一些很重要的问题却始终没有得到解决：“这样做的目的是什么？我们能成功吗？这对我有什么要求？我能提供你们所需要的东西吗？如果项目失败的话，它将对我的职业生涯产生怎样的影响？”在“新团队”案例中，杰克似乎对这些问题表现出了充分的敏感。他考虑到了人们的感受——弱化那些消极的因素（比如说怀疑、恐惧等），并注意激发出积极的因素（比如说乐观和自豪等）。在“蓝帮对绿帮”中，人们围绕“价值观”进行了公开而富有理性的讨论，这显然就没有考虑到感受的成分。

与生活中的许多挑战不同的是，这些问题常常是可以避免的。它不同于自然界个人无法控制的暴风骤雨。领导团队中的许多问题都是人为的，一旦发现了问题的存在，你就可以通过及时采取措施来解决问题，这就是理解的力量。部门总裁可以学习和使用这些教训，即使比他低两个级别的员工，也可以帮助自己的总裁学习这些教训。但这就要求他们在说服总裁的时候注意方式，记住：在这个过程中，可以看到的场景通常远比翔实而枯燥的备忘录更加有效。

信任的问题

由适当的人选组成的领导团队，是进行变革的必要条件，但却不是充分条件。这支团队同时还必须能够进行很好的协作。信任度就是其中一个主要问题。

虽然许多企业的高层管理团队成员都不愿意公开承认这一点，但事实是，他们之间往往缺乏相互信任。如果需要进行的工作只是例行公事性的任务，或者只是一些规模不大而且可以慢慢进行的变革的话，缺乏信任可能不会带来什么问题。但对于那些需要在这个瞬息万变的世界里，迅速进行组织变革的企业来说，缺乏信任就会成为一个大问题。如果团队成员之间互相不信任，试问你怎么可能为即将进行的组织变革确立明确而理智的愿景呢？在进行小组讨论的时候，人们首先就会在小组内部划分出许多不同的小组，而且相互之间充满怀疑和排斥，大家只能进行一些无关痛痒的讨论，最终根本无法产生任何明智的战略。

在下面的案例中，我们会清楚地看到这一问题，以及相应的解决方案。在读完前两段之后，你可以预测一下，结果会是怎样的？

莫罗将军和我在海上漂流

▶ 罗兰·弗里斯（Roland de Vries）提供

战斗结束了，我们知道，双方无论如何都要继续合作下去。这是经过谈判之后得来的和平，没有一方能够将自己的意志强加于另一方。我们现在需要建立一个新的国家和一支新的军队。我们刚刚将七支军队合并成一支统一的国防力量，而我的任务则是要带领一队军官制定愿景、战略和实施计划。

我们把新南非军团七支军队的代表召集到一起。这七支军队分别是：种族隔离政府的国防军，两支解放阵线军队，以及四支来自本国的军队。当时南非一直处于混战状态，各方各派纷争不断，相互攻击是常有的事，到处都充满了危险因素。我的指挥车就曾经误触地雷，直到现在，我身上依然留有几块伤疤。可现在，这些曾经致对方于死地而后快的宿敌，却突然要在一起创建一个统一的组织，其难度可想而知。

第一次会议的情形至今还历历在目：我们都是职业军人，所以大家并没有通过大喊大叫的方式来表达自己的意见，从某种角度来说，实际情形恰恰相反（或者可以说是更为糟糕），大家言语之间表现得非常合作。“形势不同了，我们需要确立新的愿景，制定新的秩序，这也就要求我们大家之间必须相互信任，坦诚相见。”这话听起来很不错，但却并非发自内心。

每个人都小心翼翼，相互之间充满了警惕和猜忌，毫无坦诚和信任可言。在我看来，如果不能及时消除这些问题，大家即使在一起花上一年时间，也不会有任何结果，而且说不定情况反而会变得更糟。当会议没有解决任何问题，或者解决问题的速度不够快时，大家就开始互相埋怨。人就是如此，当观点相同的人聚集到一起时，他们原来的观点就会进一步得到加强。很明显，大家之间的仇恨很可能会再度爆发，其后果是不言而喻的。

在第二次会议上，我私下做了一个决定——根据当时的情况，我认为这是非常必要的。因为如果不能学会相互信任的话，我们根本就不可能建立一个统一的组织。当然，这非常困难，但我们别无选择。所以我向大家坦陈了自己的观点："我方的一些关键人物认为应该继续保持国防军的传统。他们只是希望，我让所有其他人都像他们那样，而不是要实现真正的联合。"在演说的最后，我说道，"我不打算这么做。对我来说，这没有任何意义，完全是一种错误的想法，我坚决反对。"

你或许会认为我的这种做法是非常不理智的，谁知道它会带来什么后果呢？即使当时没有人表示意见，但随后的一个星期内可能产生的反应，将更加让人难以预料，无论是对我还是对我所在的团体而言，它都不会带来任何好处。但难道我做错了吗？如果一个人一辈子只是在小心翼翼地明哲保身，那样的生命还有什么意义呢？

在我的这番发言结束之后，大家的谈话立刻有了一些明确的方向，一些人开始讲述类似的故事！一旦有人站出来说出自己的真心话，其他的人也就纷纷效仿。比如说，有人承认，“我们这边也不希望实现真正的联合。”还有人说，“我们这边也有些人希望此次合作能够按照有利于我们的方向发展。他们希望大家在确定新愿景的时候，能够更多地参照他们以前的愿景。”就这样，大家开始纷纷表明了自己的立场。当然，并非所有的人都是这样，但和前次会议相比，我们已经取得了很大的进展。

在这次会议上，我们开始朝着正确的方向迈出了一小步。

这次会议之后，我们开始举行一些活动，来促进大家彼此间更深层次的了解，其中一项活动就是定期野营。每个人都喜欢这项活动，夜幕降临的时候，大家围坐在篝火旁，讲述一些有趣的战争故事——一些人比其他人更擅长这一点，但我们大家总算有了深层次的交流。一段时间以后，我们开始讨论自己以前与对方作战时所采取的战略战术。有时我们甚至会分成几个小组，大家可以独自交谈，以加深彼此间的了解。

真正的转折点是一次海难，当时我们乘坐的小船在海上倾覆，把我和索里抛进了茫茫大海。索里是解放阵线部队的一名高级指挥官。我们两个趴在救生筏上漂流了一段时间之后，他突然盯着我，对我说道，“我不会游泳。”我告诉他，“别担心，在游泳方面我可是把好手，我会照顾你的。”接下来的情形相信你能想象，我们两个人漂流在无边的大海上，相依为命，休戚与共。

在经历了一个多小时的漂流之后，我们最终得救了。在这一个多小时里，为了打发时间，我们互相讲了一些战争故事。我已经不记得当时的具体情形了，但我们所讲的故事都是非常私人的：我们讨论了各自的家庭，以及作为一名职业军人，我们所做出的牺牲；我们讨论了各自对导致国家分裂的种族问题的看法；我们还讨论了融合两种文化所面临的种种困难。

坦诚的对话，露营篝火旁的交谈，以及在大海上的漂流——这一切都把我们双方的距离拉得越来越近。“我们以前可是欲置对方于死地而后快的敌人啊！”每次想到这一点，我都不禁为我们现在的友情感到惊讶。

每次当我们遇到问题，无法实现团队合作的时候，我建议大家多想想这个故事。

这是一个颇富戏剧性的故事，它反映了一种关于如何建立信任（无论在什么情况下）的基本方式。从这个故事中，我们可以总结出以下几点经验：

- 通过以身作则来告诉人们当前应该采取哪些行动（比如说，在上面这个案例中，一位指挥官在第二次会议上的陈词）。

- 采取行动的时候要注意影响听众的感情（比如说，“这完全是一种错误的想法，我坚决反对。”）。
- 当大家的行为开始发生变化的时候，你要通过更多的方式和活动，来巩固和加深大家新的行为方式（比如说，围坐在篝火旁）。
- 当具有转折性的事件发生的时候，你要及时把握机会，然后将其转化为一个生动而富有戏剧性的故事，并把这个故事尽可能地告诉更多的人（比如说，“我们两个人趴在一个救生筏上，在无边的大海上漂流，相依为命，休戚与共。”）。
- 通过所有这些步骤，帮助人们相信并感觉到改变是可能的，而且大家能够彼此协作，并进而建立一个伟大的组织。

事实上，在很多情况下，人们采取这些措施的背景，都远没有“莫罗将军”里面所描述的那样富有戏剧性。“蓝帮对绿帮”中的主要人物也采取了相似的基本准则：在我们上面列出的五条经验中，前面两条发生在大学的会议上，后面三条则发生在这次会议结束之后。

这里真正的关键并不是管理意义上的“组织”。虽然人们经常说“那些人需要被组织起来”。但他们所指的并不是正式的权威，或者对于某一状态的服从。因为，如果缺乏信任的话，权威和服从都是没有意义的。而对于一个要领导大规模变革的领导团队来说，一旦权威和服从缺乏意义，整个变革就很可能归于失败。

会议的模式

团队运作以及团队成员之间的信任，以及情感责任问题，都可能受到很多因素的影响。来自外部的个体或者团队中那些不值得信任的成员，都可能使整个团队走向毁灭。在影响团队运作的诸多因素中，其中一个最为微妙（但同样重要）的因素就是——会议机制和会议的形式。

大家聚集到一起参加会议的频率有多高，每次会议持续的时间有多长？在正式的会议之外，你们又做了哪些工作？你们欢迎非团队成员参加会议吗？如果是的，你们在什么时候欢迎什么人参加过团队的会议？如果会议的形式不当，大家的挫折感就会增强，团队成员之间的信任就会崩溃，最终领导团队也就会变得名不符实。反之，如果会议的形式正确，整个团队就会被凝聚成一股足够强大的力量，来完成必要的工作。

当团队还处于初期的建立阶段时，计划不周的会议结构实际上是有害的。很多非常聪明的人都会在这个环节犯错误。他们把一些优秀的人才聚集在一起，因为大家之间存在一定的信任和默契，他们能够马上进入实质性的讨论。在对所有的要点一一讨论之后，他们会再次回到第一点（因为在他们看来，这是非常重要的）。而且他们会把讨论一直不停地进行下去——直到让人无法忍受。

下面的会议

▶ 罗斯·迪威特（Ross Divett）提供

在经过大范围的甄选之后，我们选择了 55 个人，来分别领导自己所在地区的变革。这个小组的第一次会议在悉尼市中心最豪华的一家酒店举行。一些路程较远的人星期四晚上到达，这就使得他们有时间进行相互了解，并在酒店酒吧里交换自己的看法。星期五的时候，大家开始在酒店的会议室里，就自己在领导这场变革的过程中所发挥的作用，进行更为正式的交流。我们的第二次会议所采用的形式也大致如此，只是会议的地点改在了墨尔本。

在参加第一次会议的时候，大家都为自己能够被选中，作为一名领导变革的核心成员而激动不已，整个会议也充满了热烈的气氛。我们讨论了组织的发展方向，并就如何提高整个企业的客户关怀程度等问题，进行了激烈的大脑风暴。但在第二次会议和第三次会议上，大家之间的讨论就开始变得有些杂乱无章。一个人说，“我有一个不错的想法，它能够让客户在进入我们的办公室时，有一种家的感觉，具体的做法是：我们让服务人员带上名称标签，这样客户就可以知道他们的名字。”另外一个人可能会说，“对，而且我们还应该对办公室进行重新设计，使它们不再那么正式。我们可以为客户设立一些阅读区，使他们能够更好地了解我们的服务，而且我们还要为所有的服务人员配备自己的办公桌。”然后又有人说道，“我不同意你们的观点。在我看来，如果想提高客户服务质量，我们就应该改变他们的工作方式。首先需要做的就是，废除900页的员工手册。”他的这一提议马上遭到了反对，“不不，要想使我们的服务人员真正改变服务质量，我们就需要制定新的衡量标准。具体来说，我们需要根据新的标准来奖励人们。”

大家各抒己见，讨论的话题也不时转换，就这样，一天会议下来，我们没有涉及任何实质性的内容——这是一件相当令人沮丧的事情。我们试图通过投票的方式，来确定哪些是需要首先讨论的问题，但并没有产生任何实际的效果。大家刚开始的那股工作热情很快就消失殆尽。从某种程度上来说，大家依然被锁定在传统的命令—控制型的会议风格中。而且每个人都在试图命令和控制其他人！

在大约第五次会议上，我们尝试采用了一种新的方式。首先，我们将会议日程安排为一天半（而不再是一天）。当大家到齐之后，我们给每个人发了一份关于今后两天活动的详细日程表。在日程表的最上方，我们列出了一个问题：绩效管理。

在第一天的活动中，CEO 开始强调整个团队改变工作重点，并相互协作，以达成共识的重要性。“我们准备尝试一些新的东西，大家提出了许多很好的意见，但当前对我们来说，更重要的是马上采取行动。”从此以后，我们开始在每次会议上讨论一个重要的话题，这种情况将持续一天半。而且在必要的时候，我们将请一位主持人来保持会议的方向。

那天早晨剩下的时间里，我们开始请一位嘉宾发言人谈论不同的绩效管理方式。这种做法一下子打开了我们的思路，许多新的想法开始产生。然后，我们开始讨论在绩效管理系统的变革过程中，可能遇到的问题。我们用下午的时间讨论了下一步的工作步骤。大家认为我们首先应该在员工中间开展一项调查，了解一下，在他们心目中，我们最需要改进的领域是哪里。

第二天，我们开始讨论下一步运作的具体时间表，把需要做的工作细分到今后的几个星期中完成。确定了大多数人认为下次会议应该讨论的核心问题，让几位团队成员准备有关这一问题的文件，并在下次会议召开之前一周，将资料分发给大家。

在以后的会议沿用这种模式。每次会议的时间都是一天半。第一天都要邀请一位嘉宾发言人，第二天则比较具体地就后面的步骤展开讨论。比较复杂的问题则被分配给一些规模更小的小组，进行细致的分析和规划。然后，这些小组会在下一次会议上，将自己的进度报告给整个指导小组。

适应这种会议模式通常需要一定的时间，但大家很快就发现：一旦偏离了这种模式，我们的效率立刻就大打折扣。

现在，如果有一位局外人参加我们的会议，他很可能会为我们的会议效率感到惊讶，因为虽然大家都很忙碌，但我们从不跑题。而且，很多人为了参加会议还要长途奔波，但一旦进入会议室，我们的讨论马上进入正题。一段时间之后，随着人们开始对这种流程产生信心，彼此之间也更加相互信任，开会也变得越来越轻松。

最后，我们终于把这支来自不同地域、规模庞大的人群，组织成了一个高效的团队，其间共耗费了9个月时间，但回报是惊人的。整个组织的面目都焕然一新。

安排不当的会议会破坏人们之间的信任，尤其是在一支团队组建初期。上面的案例为我们提供了一个简单却非常聪明的解决办法。关键是专注和规范。每次会议都要有一个集中的话题，而且在正式的会议之前，大家一定要经过认真的准备。确保每一步骤都非常清晰。要找一个非常可信的人主持会议。在“下面的会议”中，当人们采用了这种方式之后，接下来的讨论就变得简单有效，人们的挫折感也大大降低，而团队作业所必需的信任感得到了加强。

这种简单而有效的会议方式，并不是靠讨论表决而产生的，而是靠它的实际功效被人们采用，它的好处是看得见的。

同样的规则也适用于那些规模较小、成员年龄偏大的团队。应用这种方式时，你需要具体问题具体分析，需要对会议方式进行一些细微的调整。但核心原则非常简单：事先一定要对会议的模式反复斟酌，绝不能一味地因循守旧。

8 个步骤中的重合部分

在“下面的会议”中，我们看到了这 8 个步骤是如何重合起来的，因为真正的序列并不是“开始步骤 1，结束步骤 1；开始步骤 2，结束步骤 2……”当这些澳大利亚人在努力建立一支高效的变革领导团队时，就开始制定变革愿景和战略的工作——而不会把一年的时间都花在“团队组建”会议上面。

步骤 1 和步骤 2 之间常常会有这种重合。也就是说，培养紧迫感和建立团队的工作通常是交叉进行的。同样，步骤 4 和步骤 5 也可以相互交叉起来，沟通变革愿景和授权的工作可以同时进行。步骤 5 和步骤 6 的工作也可以同时进行，你可以在消除行动障碍的同时，在那些已经消除障碍的领域内取得短期成效。

应当注意的是，你不能在没有经过思考的情况下直接跳向下一个步骤。向那些没有足够紧迫感的人授权，是没有任何意义的。同样，在没有体现出短期成效的情况下发动第三次变革浪潮也是很不理智的。但在有些情况下，不同的步骤之间出现一定的重合是很正常的现象。

当老板似乎绝望时

就好像在“下面的会议”中，CEO 接过会议的控制权一样，任何需要进行变革的部门的老板，都必须亲自承担起领导团队中的核心领导工作。为了使大家对自己的工作更有信心，为使人们相信公司的政策不会随时发生变化，老板的亲自参与是非常必要的。围绕核心人物跳来跳去只能是一场徒劳。但在很多情况下，那些决心已定的人会进行这样的尝试。他们试图通过各种方式，来说服自己的老板，给他或她许多暗示。他们还会试图避过老板，召集一些观点相似的朋友，共同组建一支自己的领导团队，然后急忙确立自己认为可行的愿景。但结果却只能落得竹篮打水一场空。

那些了解这些事实的人常常会退却。“如果连乔治都不能做这个，”他们说，“我怎么可能呢？现实点吧。”

那些试图避开核心人物或者试图退却的人，忽略了一个非常关键的问题。如果核心人物不能在领导团队中扮演核心角色，那他们的紧迫感通常也不会太强，这就意味着他们还有很强的自满心理。或许是因为自己的组织一直都非常成功——在这种情况下，他们当然会自视甚高。或者是因为老板怀疑自己领导变革的能力——在这种情况下，他就会产生恐惧心理。在这种情况下，唯一重要的问题就是如何树立紧迫感。变革领导者应该把自己的主要精力完全集中到这一问题上。团队和团队协作（步骤 2），愿景确定（步骤 3），愿景沟通（步骤 4）和授权（步骤 5）的问题都应该放在以后。因为只有这样，每个人的具体作用才能真正体现和明确。还记得“手套”的故事吗？

是的，执行副总裁能起到一定的帮助作用，一线主管也可以发挥一定的作用。那些没有下属的职能部门工作人员也可以。咨询顾问、暑假实习生等都可以起到一定的作用！关键就是要把注意力集中在正确的方向上。

这点非常重要，但我们却常常忽略。所以我再次提醒大家一定要注意！

STEP 2
步骤 2

组建领导团队

建立一支拥有足够能力——从团队成员和运作方式的角度而言——的团队，来指导一次非常复杂的变革流程。

行得通的方式

- 表现出一定的热情和责任感（或者是帮助别人表现出这两种情感），把适当的人选吸收到变革领导小组中。
- 以身作则，表现出团队协作中所必需的信任和团队合作精神。
- 为领导小组会议安排合理的结构，最大限度地降低挫折感，并增加团队成员之间的相互信任。

- 如果你不能适应步骤 2 的挑战，如果不能吸收到适当的人员参加领导团队的话，我建议你应该在步骤 1（提高人们的紧迫感）上多加努力。

行不通的方式

- 以薄弱的任务小组、单独的个人、复杂的管理结构或者支离破碎的高级团队来领导变革。
- 不能直接面对士气低落和权力中心分散所带来的团队建设问题。
- 由于担心遇到反对，所以在开展工作的时候忽视或绕过部门领导。

需要记住的故事

- 蓝帮对绿帮
- 新型而更富多样性的团队
- 莫罗将军和我在海上漂流
- 下面的会议

步骤 3

设计愿景战略

THE HEART OF CHANGE

在所有取得成功的大规模变革中，总是需要有一支优秀的领导团队，来为整个变革建立一种明确的方向感，在这个过程中，他们必须回答以下问题：

- 我们需要对企业进行怎样的变革？
- 我们对新组织有怎样的期望？
- 当前组织中的哪些因素应当被保留下来？
- 实现愿景的最佳方式是什么？
- 哪些变革战略由于风险太大而不应当被接受？

回答了这些问题，企业对即将发生的变革就会有一种明确的认识，从而为更加美好的未来奠定基础。

但事实上，在许多希望进行大规模变革的企业中，指导小组不是没有确立清晰的方向，就是制定了一些不切实际的愿景。这无疑将给企业带来灾难性的后果，也会给员工带来巨大的痛苦——只要问问那些曾经为上司的一时冲动而饱受折磨的员工，你就知道这痛苦意味着什么了。

愿景与战略、规划和预算

一个人的方向感与他的智商并没有直接的联系，聪明人未必能为企业变革确立明确的方向。原因之一就在于，他们总是把“确立愿景”的工作，等同于进行规划和预算。然而，在进行大规模变革的时候，仅仅有规划层面的工作是远远不够的。事实上，在成功的大规模变革中，企业最需要的，恰恰是一些与规划和预算截然不同的东西。

描述未来图景

▶ 查尔斯·贝里（Charles Berry）提供

早在1994年，我们就已经意识到进行变革的迫切性。由于政府放松管制，我们不得不向竞争对手开放自己的市场，同时也时刻面临着被兼并的危险。在这种情况下，同行的许多企业都纷纷进行了大规模的结构变革。放松管制和英国市场的自由化有两层含义：首先，我们在海外的竞争对手可以直接进入英国市场；其次，我们也可以通过兼并收购，将业务扩展到海外。

企业未来的发展方向是什么？关于这个问题，众说纷纭，莫衷一是。有人主张，我们应该扩展经营范围，发展成为像汉森（Hanson，英国最大的联合型企业）那样的企业集团。有些人认为，我们应该向着工程公司的方向发展，最终成为一家高效的专业承包商，主要承包自来水、天然气和电力网络的建设及维护工程。还有一些人则建议我们进军电信和网络服务市场。

为了解决这个问题，当时的CEO给公司主要部门的领导发了一份备忘录，征求他们的意见，并希望他们就企业的发展问题提出自己的建议。这是一个非常常规的规划流程。各部门领导做出了答复。总部的工作人员把他们的建议和意见收集起来，并对每个建议的支持人数进行了统计。然后把一份厚厚的报告发给了部门领导——这份干巴巴的报告包含了大量的财务数据，一大摞关于资产负债率、股票价格、绩效指数等的分析表格，让人昏昏欲睡。就这样，一年过去了，关于这份报告的讨论仍在进行着，每次开会时，人们的第一个问题总是，"表3-4是什么意思?"接着人们就会对表3-4进行一番激烈的讨论。最终却没有达成任何一致性的意见。在这种情况下，大家根本不知道，眼前这些变革方案究竟是什么，更不了解它们将对我们的组织产生怎样的影响。

就像你在大多数组织中观察到的那样，这种"常规的规划作业"通常只适用于渐进的变革。一般情况下，参与企业发展规划的相关人员，都对自己的行业非常了解，所以，他们很容易根据报告方案，想象出企业未来的大致图景，并区分出各种方案之间的差别。因为规划和预算总是会迫使你从更为细节性的角度思考。在这种情况下，你就可以自信地说："根据现在的条件，5.3%

的收入增长目标是完全可以实现的。为此，我建议下个季度把弗莱德调到X项目组主持工作。从逻辑上来讲，Y项目也是必要的，虽然公司现在的现金需求量非常大，但我们完全可以承担该项目在下一个财政年度所需要的短期投入。”

而对于那些希望进行大规模变革的企业来说，要根据现有的情况进行推测，就不那么容易了。人们通常并不能理解——或者说不能完全理解——所有相关的选择方案。“变革所有的商务流程”是什么意思？成为一家“全球性”公司是什么意思？建立“一种更富于革新性的文化”又意味着什么？如果不理解这些方案的具体含义，你就不可能选择和确立正确的方案——毕竟，你不可能为一个连自己都不理解的未来进行规划。事实上，在很多情况下，你甚至无法就这些问题与同事展开讨论。想象一下，一位同事对你说，“我们需要建立一种敢于冒险的企业文化。”“好吧，但冒险有时就意味着犯错误，而一旦犯了错误，我们的客户就会转向我们的竞争对手。”“我不是说有风险的冒险。”“还有没风险的冒险？？？”

在很多情况下，我们常常可以依靠数据的客观性，来做出客观的选择。但对于非渐进变革的企业来说，进行财务分析之前，它们必须首先确立具体的发展方案，

然后，才能根据这些方案所包含的前提性信息进行数据分析。

为了确定公司变革的方向，我们挑选出大约六七个发展方案。其中一个方案，建议公司继续维持现状，向我们在苏格兰的客户提供电力供应，以及一些有限的电信和网络服务。第二个方案建议我们争取成为整个英国市场（而不再仅局限于苏格兰地区）的电力供应商。但一旦选择了这个方案，我们就必须放弃进军电信和网络服务领域的计划。第三个方案则建议我们收缩阵地，把自己定位为苏格兰地区的电力供应商，并随时做好被兼并的心理准备。我们对这些方案的评价是：比较安全的选择。还有一些方案则主张扩张：成为一家跨国电力公司；一个在英国境内提供电力、天然气和自来水的多种经营公司；或者是一家工程公司。而且，就在我们开始讨论这些方案的时候，又有人提出了一个新的方案——进军电信业和网络服务业。

经过一番讨论，我们决定用一些非常简单的维度来对这些方案进行衡量：

- 销售额——10 年内我们的收入将达到多少。
- 员工数量——我们需要雇用多少名员工。
- 客户数量——我们将拥有多少客户。

- 业务——我们能够提供哪些核心产品或服务。
- 竞争对手——我们的主要竞争对手有哪些。
- 信念——为了确保成功，我们需要具备哪些信念。
- 行动步骤——为了实现这个愿景，我们需要采取哪些关键性的行动。

我们用两三张纸的篇幅，总结出每个可能入选的发展方案，并在上面给出了一些主要财务数据——大部分情况下，我们都尽力把细节性的财务分析资料与方案分开。在对这些方案进行讨论的过程中，我们试图描绘出六幅不同的未来图景，并努力使其更加丰满。这就是我们选择方案的方式——描绘未来图景。

接着，我们为公司的8人执行小组安排了一系列会议。在第一次会议之前，给每个小组成员发去了一份会议概要，以便他们能够在开会之前，对所要讨论的材料有个大致了解。会议开始以后，我又花了很短的时间，用投影仪总结了一下本次会议的要点。如果采用方案一，也就是国际电力供应商方案的话，我们10年内的销售额将是……就这样，我们用所有事先制定的维度，对这些方案进行了衡量。然后对这些方案进行了讨论。我们自问，“我们将会成为一家什么样的公司？”“我们最主要的产品或服务是什么？”“我们的市场选在哪里？”“我们需要聘请什么样的员工？”“我们的广告应当是怎样的？”“客户将对我们有什么要求?”“我们应如何满足客户的这些要求?”“我们的工厂和办公室应当是怎样的?”“我们在这一领域有哪些优势?”“我们希望成为这样的企业吗?”

通过描绘未来图景，我们对企业的发展方案有了一种切实的感受，这是数据和抽象的观点所难以表达的。同时它也帮助我们更好地理解了，实现某种变革需要付出的代价。

我们召开了一系列会议，进行正式的讨论，每次会议持续四小时。我们迅速对这些方案进行了筛选。首先排除了“成为集团化企业”方案，然后排除了“等待被兼并”的建议。在确定了“英国境内的多种经营公司”为可选方案之后，我们开始进一步讨论，是否可以把“跨国多种经营公司”作为另外一种选择方案。由于有些方案比较极端，所以，我认为大家可以以这些方案为核心进行讨论，并由此衍生出一些其他的可能。每次会议之后，我的领导团队都会将筛选后的方案总结一下，同时记录下我们对这些方案所做出的结论。方案总结通常只占一张纸的篇幅。然后我们会将其发送给所有相关的主管人员。当他们发现自己收到的文件只有一页时，你几乎可以感觉到，他们发自内心的轻松。

经过一番筛选整理之后，企业未来的图景开始逐渐变得清晰起来。“好了，至少有一点现在是可以确定的，我们的愿景是成为一家国际化的多种经营公司。但要想取得成功的话，我们应当确立怎样的信念呢？我们如何才能在全球市场上与其他同行竞争呢？”就这样，我们开始一步步将讨论引向具体化。在这个过程中，我们采取了逐步检测的方式。首先，集中讨论了实现愿景所需要采取的主要行动，相应的成本需求，以及公司财务的实际状况。我们还把那些一页纸的方案总结，发送给了我们的财务分析师，请他们根据自己的经验，总结出每种方案可能引起的市场反应。然后，我们对他们提供的这些信息进行了讨论。在这个过程中，我们开始对公司未来的发展方向、发展轨迹，以及财务预算等问题有了更清醒的认识。我们的财务主管说：“如果要为股东提供更高的投资回报率，我们将需要在未来五年，把公司的规模扩大为现在的三倍。”还有人说，“如果能够兼并英国的一家电力和供水公司，并在国际范围内进行一次同样的兼并，我们就可以将公司的规模扩大到这一水平。”然后又有人接道，“现在一切都清楚了！我知道我们应该怎么做了。”

掌握财务数据是非常必要的，但在那些能够帮助我们就公司发展方向达成共识的因素中，描绘未来图景才是最重要的——因为它们很可能就代表了公司的未来。

分析许多成功大规模变革的案例，你会发现有四个环节，在其中发挥了非常重要的作用：预算、规划、战略和愿景。这四个环节各不相同，但又彼此紧密联系，而且每个环节都有一个不同的发展过程。

描述未来图景

目　　睹

规划团队的某个成员发现了一种新的规划方式。鉴于当时的形势，公司的高级管理层愿意对这种新的规划方式进行一番尝试。规划人员与指导小组一起确定一些其他的可能方案（比如说，成为跨国能源公司），并用几个主要的维度描绘出这些方案的具体内容。然后，他利用这些材料举行一次讨论会，以此来帮助大家想象公司可能的未来。

感　　受

挫折（我们现在毫无头绪），愤怒（我已经清楚地看到前进的方向，为什么不马上采取行动？），焦虑（公司会不会发展到不再需要我的地步，因为照这个方向发展，我所掌握的技能很快就会过时），悲观（无论如何，看来我们肯定是要被其他公司兼并了）。一种解脱感逐渐强烈起来

（哦，我明白他的意思了。我现在找出了一个更好的解决方案），乐观的情绪变得越来越强烈（这将是一家非常有趣的公司）。

变 革

他们开始进行更加富有成效的谈话，并开始就公司的未来，做出一些具体的决策。

预算涉及的是规划过程中的财务问题。规划通常要详细列出战略的实施细节。战略将为公司实现愿景指明具体的方向。而愿景则表明所有的战略和规划所要达到的终极状态。一个愿景通常只需要一页纸就可以描述完整，你甚至可以在乘电梯的时间里看完。一项战略可能有大约10页纸，它需要你花上一顿饭的工夫进行讨论。一份规划可以写满一个笔记本，需要通过一系列会议进行详细研究。而预算则要占用一个更大的笔记本，它需要更多的会议来进行讨论。

一个指导小组绝对不可能单凭自己的力量，全部完成这四个环节的工作，而是需要其他人的帮助。就好像在“描述未来图景”过程中那样。有时，这些所谓的“其他人”，可能起到非常重要的作用——他们不仅能够提供必要的信息，还能够帮助指导小组建立正确的讨论流程。

如果说预算是一项数字练习的话，规划就是一个逻辑推理的线性过程。战略人员需要掌握大量关于客户和竞争对手的信息，同时，还需要具有很高的概念化能力。而确定愿景则需要一种完全不同的能力，它需要愿景的确定者能够详细预见到可能的未来，因此就不可避免地包含了创造性和情感性的成分（比如说，在小组讨论中，有人经常会提出这样的问题，“你们对于这个方案的感觉如何？”）。所以，如果你准备使用“常规规划方法”为自己的组织确定愿景，挫折和失败就是在所难免的。

在渐进的变革中，企业的愿景和战略通常非常明晰。所有的工作都集中在制定规划和预算上。而对于那些希望进行大规模变革的企业来说，战略和愿景的制定就变得非常困难了，因为它们需要你深入到一个未知的领域。而且它的风险也比较大，如果方向选择错误，它将给你的企业带来毁灭性的打击。

如果财务预算出现问题，你就可能遭遇资金短缺。如果没有一份合理的计划，你将浪费大量的时间。如果没有一个好的战略，你最终将变得一筹莫展。而如果没有一个正确的愿景，你就等于是朝着一个错误的方向前进，整天忙个不停，却始终不清楚自己的所作所为到底有什么意义。除非给出非常具体的指导，否则，你将很难对庞大的员工群体进行协调，而且，你将永远没有足够的精力，来完成那些比较困难的任务。战略规划很少能激发人们的活力，但一个很有吸引力的愿景，却能直扣人们的心扉，并产生巨大的激励作用。

企业发展愿景具有一种有效的协调功能，这种功能与企业实行变革的速度直接相关。在变革缓慢的时代，一个团队可以按照当时的行业规则，轻松地缓步前进，他们甚至可以闭上眼睛，而丝毫不用担心是否会踩到别人。整个团队的行进非常有序，“左—右—左—右”的步伐始终不乱。如果领队不小心撞上了一面墙，她只要说一声“停”（可能是在一声“哎哟”之后）。接着可以分析一下形势，并随即制定出一个新的方案。然后把这个方案传达到整个团队，“全体左转 90 度，前进两步，停。我（老板）用右手看看前方是否还有障碍。然后我们……”现在情况则完全不同了，当今时代，如果希望成为市场竞争中的优胜者，你必须学会以最快的速度采取行动。如果没有愿景——而且是为大家所共同遵守的愿景——整个队伍就会方寸大乱，举步维艰。

虽然组织变革如此重要，但它在很长的一段时间内，始终没有得到应有的重视。财务统计很早就成了企业经理的必修课。大约 20 世纪中期，企业发展规划也开始被看成一种更加系统的工具。直到20世纪70年代，商学院的课程表上才出现教授企业发展愿景的科目。但时至今日，制定愿景依然没有受到足够的重视。想想看，一方面我们在努力地为企业寻找更好的变革方向，另一方面却对这门学问如此不屑一顾，这难道不是非常令人惊讶吗？

效率和服务

当前，效率问题和富有创意的客户服务是最需要进行愿景规划的两个方面。

随着世界各地企业面临的竞争压力越来越大，成本已经成为一个巨大的问题。在这种情况下，许多变革计划都是以节省开支为愿景的。如果你的企业不能承受大规模的成本缩减，可以先以短期的节约为愿景，逐步完成成本缩减。但是，也有不少企业完全可以承受大规模的成本缩减，对于它们来说，追求更低的成本才是变革的核心所在。不过，即使人们意识到这个愿景——尽管有时候往往意识不到——他们也未必能够很好地实现它，因为他们的情绪将受到很大影响，恐惧、愤怒和玩世不恭的态度渐渐增长，结果导致变革进行迟缓或受阻。

成本和服务

▶ 让·宾汉姆（Ron Bingham）提供

以降低成本、简化组织或提高效率为愿景的变革，根本不可能从一开始就受到欢迎。其中主要的原因在于，我们的职员认为，他们在这里工作是为整个社会和公众服务，或者说是为了让大多数人生活得更好。他们总是这样说："我们在这儿工作并不是为了赚钱，而是为公众提供重要的服务。"在绝大多数情况下，他们的确真的这样认为，而且往往对此深信不疑。当然，他们在这里工作，也不是为了给他们自己赚大钱。我们都知道，那不是一个州政府的工作宗旨。

但是问题就出在这里：州长发现政府中存在很多浪费，而且都是多年的痼疾。他强烈地感觉到，政府投资不能、也不应该如此毫无效率地投放。对他来说，政府至少应该缩减开支，把节省下来的资金投入教育等重要项目中。在我看来，州长认定的愿景就是节约开支。而我也是这样想的。

但我们却开始了自相矛盾的行动，就像两列火车在同一段轨道上对开一样。这其中的问题就是效率：我们没有把效率也列为行动的愿景。经过仔细考虑和认真讨论，我发现可以以客户服务为愿景，而这也是我们应该做的。但这并不是要将效率问题抛开不管，而是换一种思考方式和考察的角度。职员关心的是为公众提供重要的服务。而且，其中大部分人也确实希望为公众提供更优质的服务。他们并不傻，也知道人们并没有奔走相告，说："哇，州政府简直棒极了。我是说，他们超过了联邦快递和沃尔玛。"既然政府基金不可能增加，那你就不能指望靠增加投入，来提高服务质量。那么，剩下的唯一出路是什么呢？那就是排除提高服务质量的障碍，以及避免办公过程中的浪费。其余的事情就都顺理成章了。

所以，我们选择提升服务作为愿景。当我们将这一愿景明确地传达给职员时，职员们发现其实他们自己一直希望用这种方式帮助别人。他们几乎可以想象本州的公民为他们的出色工作而表示感谢。我认为大多数职员都真正被这次机会打动了，利用这次机会，他们可以大大改进自己服务公众的方式。当然，也有些人坚持玩世不恭的态度，在一边冷眼旁观。但职员总体的反应让人难以置信。突然之间，整个组织中的人都开始检查自己的工作，思考如何提高自己的服务质量。我记得一次州长和他的高级助理团队参加的会议。会上，各个部门的代表都陈述了他们在服务上的愿景。社会公益部门代表的发言尤其具有启发性。这位女士起身说道："我们的未来愿景是，将你作为一个完整的人，一个完整的家庭，来为你提供服务。我们会给失业者提供救济和适当的职业培训。我们会帮助你建立一个健康而富有生气的家庭。你将从我们这里得到关怀和尊重。”她在说这些话的时候那么激动，简直让人无法相信。她对这个愿景坚信不疑。她将确保这些人得到最有效的帮助。当然，这意味着必须祛除组织内部的许多弊端，从前那种办事前先让人把同一张表格填写10遍的做法就是其中之一。裁撤这些冗余程序的同时，也会有一些相应的职位随之消失。但是，与此相比，保护公众利益和帮助那些无助者毕竟重要得多。

税收部门的小组这样描述该部门的未来服务愿景，人们可以打电话咨询关于税务申报单的问题，但再也不必像从前那样，守在电话旁边苦等一个小时了。更好的情况就是，人们可以最快、最直接地得到他们想要的信息，而不用忍受任何附加的信息。税收部门竟然能提供这样的服务！你能想象吗？要实现这些就要购买新的技术——当然，新技术可能价格不菲，而且将带来一些职位变动，一些职员不得不离开组织，或被调往组织的其他部门。但是，如果一切顺利，新的系统将大大提高政府服务的效率，而且从长期来说，将节省大量资金。

所有这些做法，都会在组织内部造成一定程度的分裂。希望提高自己服务质量的职员，一般都愿意接受以上变革。当然，并不是所有人都这样想，但我们已得到了足够多的支持者。

经过几年的实践，我们节省的资金远远超出州长的想象。结果不仅让他大吃一惊，而且也让我大吃一惊。此外，我们的服务品质也得到了改善。而这一切成功的关键，就在于制定了正确的愿景。

现在，你在许多地方都会遇到同样的问题。组织的经营成本不断膨胀，但职员却没有“效率”观念。有些组织的情况比上面的例子更复杂。员工可能觉得，组织还有能力投入更多的资金。管理层可能不愿投资购买信息技术。老板们可能认为自己公司的客户服务已经很好了。但是，在很多情况下，他们的愿景和相关的支持策略都是错误的。愿景过于狭窄——并没有把整个企业视为一个有机的整体，或者没有考虑到所有的相关问题。这样的愿景看起来就像一个吝啬的预算，所以，引起人们的愤怒和恐慌也就很自然了。如果一个愿景在一个人数庞大的群体中引起愤怒和恐慌，那么，它就根本不可能实现。

在“成本和服务”中提到的解决方案，可以应用于很多地方。事实证明，玩世不恭的人错了：我们中的大多数人都在帮助别人中得到了很大的乐趣。所以，你应该从服务入手，制定愿景，使人们对它产生认同。在制定策略的时候，你应该将摧毁糟糕的运营体系作为核心。

当人们接受了这些愿景和策略之后，经营成本自然会降低，而且服务质量也自然会提高。这个思路在几乎所有行业——制造业、高科技产业、金融服务业——都适用。

大胆的愿景要有大胆的策略

在一个飞速发展的世界里，变革愿景也必须随之越来越大胆。现在，越来越多的管理者认为，自己企业的发展愿景，必须是成为行业领袖、开拓新市场的先锋，或者在成本上具有无可比拟的竞争力。大胆的愿景需要大胆的策略来指导才能实现，但变革中的问题往往就出在这里。好吧，让我们做最好的，或者当第一家，或者实现最低成本。但我们应该怎样做呢？在制定大胆策略方面，没有丰富经验的人在这里就会被卡住。他们弄不清究竟该怎样去做，因为这跟他们从前做的事情都不一样。他们有时会在显而易见的选择面前退缩，因为这种选择具有威胁。他们也可能让自己相信，只要对当前的操作稍做修改，就可以实现愿景——当然这是一个循序渐进的过程。再者，既然他们想不到任何可能的策略，于是就下结论，认为这个愿景是荒谬的，尽管愿景本身一点问题也没有。

原地组装

▶ 戴比·科勒德（Debbie Collard）提供

C-17 是一种体积庞大的飞机，尾部居然有四层楼高。它的建造过程更是让人叹为观止。

通常，组装飞机是在制造工厂中的几个地点完成的。我们把这些组装点称为“站点”。组装工作从一个地方开始，在那里完成一部分作业之后，飞机将被转移到下一个地方，就这样不停地转移位置，直到整个飞机组装完成。在组装 C-17 的时候，主机身可能在站点 A 组装，然后转移到站点 B 安装机尾，再转移到站点 C 安装机翼，接着到站点 D 安装驾驶员座舱，如此等等。要进行这样的作业，除了必要的设备之外，还必须有一个巨大的修理车间，能够同时组装两三架像波音 747 那么大的飞机。车间占地面积庞大，而且需要 1 500 名职员在其中工作。他们将处理成千上万的飞机零部件。这样一个超乎想象的生产过程，需要极为复杂的调度和合作。

组装过程中，飞机在各个组装点之间的移动是根据时间表进行的。即使飞机在一个站点上的组装作业没有在规定时间内完成，而时间表又要求它继续转移到下一个站点，或者组装飞机所需的零部件没能及时到位，飞机也必须按照时间表上的指示，转移到下一个站点，原来没有完成的工作将放到最后进行。可以想象，在工程的最后将飞机拆开，补充未安装的部件，然后再把它重新组装起来，这样做很可能导致质量和工期问题。但是整个飞机制造业都是这样做的，没有人对此置疑。这就像三年级的小学生早上8点上学，下午3点放学一样，没有什么可说的。你当然也不会例外。

科兹从一开始就给C-17项目制定了明确的愿景，那就是在质量、工期和成本上做到最好。这个愿景非常明确，也正是我们所需要的。我打赌，他肯定就这个愿景跟项目组里的每一个成员都谈过，而且赢得了大多数人的支持。“当然，头儿。”而且我打赌，大多数人也很想实现这个愿景，而且确实比从前更加努力。但是，许多人认为，现有的生产流程是唯一的解决办法，所以也坚信有些问题是不可避免的。“是的，如果我们总是能及时得到需要的零部件，这当然很好，但是在这个行业里，那是不可能的。”这样一来，虽然人们积极地做出了一些小的改进，但整个的生产策略仍然不能指导他们去实现科兹制定的愿景。

于是，在一次管理层会议上，他站出来宣布：“如果飞机在一个站点的装配未完成，它就一直待在那里，直到装完为止。质量是第一位的，也是我们工作的重点。一站组装未完，不准移往下一站。”

每个人都觉得他的脑子出了问题。这可不是做事的办法。他的几个手下尤其觉得他是在发疯。他们坚持认为，如果这样做的话，我们肯定不能按时完成组装。绝对不可能完成，任何人都知道这一点。总会有些意外导致所有工作都停滞下来，结果只能让公司花大价钱聘请的职员在一旁干等着。要指望原地组装飞机能成功，比指望文案职员在59楼上制造汽车更不现实。

我们以前也听过关于质量的说法，但现在居然有个家伙在告诉我们，如果方法不对，一切都是无稽之谈。科兹似乎非常肯定，这个出格的主意是完全正确的。而且如果我们不按他要求的完成，我们就得一整天看着那架不完工不能动的飞机。它就待在那儿——不，停在那儿——整整一天。

科兹的宣言发布之后，事情开始发生很大的变化。既然飞机必须原地组装，那么零部件的及时供应就变得尤为关键了。我从没见过采购部的人像现在这么积极。他们开始制定各种新的采购策略。而且，更出人意料的是，他们甚至开始说服我们的供应商采取新的运作方式。于是，零部件按时供应的问题解决了！总之，人们都不想因为自己的缘故让飞机组装停滞下来。他们不想让自己难堪，让公司受损失，影响自己的事业发展，而且他们也不想让科兹失望。所以，他们只有打破陈规。随着事实渐渐证明这个离奇的想法的确可行，越来越多的人参与到了项目中来。更多的人找到了打破陈规的方法。当他们无法自己实现某些想法的时候，就会去和科兹商量，把自己的具体想法——有时是非常聪明的想法——和相关的需要和问题告诉他。然后，科兹就会和他们一起排除这些障碍。所以，如果需要科兹去和某种零件的供应商公司总裁交涉，那么他就一定会去。

原地组装飞机让人们克服了许多不好的习惯。我们再也不能说："当然会有一定比例的零部件不能按时送到。事情总是这样的。"不，事情并不是那样的。那样的事情都已经过去了。

总之，我们让组装车间完全变了样，结果不仅提高了飞机的质量，而且按时——甚至提前——完成了工作！

直到现在，从一线到管理层的人们还在谈论这个项目。"他说飞机绝不移动。不准移动。"

如果科兹在他的属下中没有赢得足够的尊敬和信任，如果他们没有相当的紧迫感，或者如果他们认为新的愿景不过是无稽之谈，那么这个策略很可能已经以失败告终了。没有这个坚实的基础，人们就会想方设法给上司拆台。但是，由于他开始采取了正确的步骤，而且激发了人们的紧迫感，大胆的策略才得以实施，最终实现大胆的愿景。

想象一下，在这种情况下可能发生些什么事情——而且经常发生。场景 1：科兹可能根本没有尝试如此大胆的策略，只是不断空谈，而他的下属们也只能不停地说，“当然，头儿。”这样就不可能有大胆的策略诞生，而最初那个大胆的愿景也无法实现了。场景 2：如果科兹给人们施加了更大的压力，不安、愤怒和恐慌就可能增长。他可能要求人们上交新的策略计划书。而他们则可能很容易地暗地里联合起来，上交一些充斥着陈词滥调的“合理”计划。最后，科兹就会退到幕后，因为他相信人们已经渐入佳境，不再迷茫了。场景 3：当工作中的不安和愤怒情绪不断增长，对新策略的实施构成障碍时，科兹如果比其他人更迷茫、更愤怒，就会造成一个恶性循环，最终使整个项目瘫痪。场景 4：持悲观态度的人和玩世不恭者可能很快争取到人们的支持，他们可能说服大多数人，让人们相信，科兹只不过是个没有头脑的好心人；或者让人们认为，他是个一心只想往上爬的坏蛋。有时候，我们以为至少会出现上面某种负面的状况。但事实并非如此。

请注意这个案例中的特别之处。原地组装的飞机，本身就是一个巨大的提示，时刻提醒人们现在需要用新的方法来进行工作，否则谁也不知道会产生怎样的后果。职员中热衷于变革的人可能会开香槟庆祝。“现在我们将有一番作为了！”而其他人也会很快意识到，旧的工作程序将给公司和他们自己带来恶果。于是，许多人开始尝试制定新的策略。当他们看到别人成功时，自己的信心也会加强。等到他们自己也取得成功时，他们的信心就会更强。当然也会有些人感到恐惧或愤怒。但是科兹每天带给大家的乐观态度、信心、看得见的提示，再加上一些短期的成功，就可以让足够多的职员欢欣鼓舞，感到自豪了。热情、鼓舞和自豪将激发更多有用的行动——“奇迹”就这样诞生了。

对速度的要求

在向未来的跳跃中，速度是最重要的策略因素之一。我们应该走得多快？每个阶段的工作最少需要多长时间才能完成？每一次变革浪潮需要多长时间才能实现？

有些时候，我们根本就忽略了这些问题，对变革的进程放手不管，顺其自然。还有些时候，因为考虑不周全，我们把时间表制定得很不现实。许多时候，在最初两个步骤中经历过一些困难之后，我们就会说服自己，在以后的行动中采取很有弹性的时间表，以为这样才比较“现实”。但是，以上所有这些对时间的处理方法都是非常危险的。

在当今的世界上，速度问题常常是很简单的：越快越好。

客厅里的尸体

▶ 让·马歇尔（Ron Marshall）提供

我们公司暮气沉沉，需要改革，而且压力越来越大。

其实，我们可以制定一个周密、循序渐进的时间表，来慢慢进行变革。花上三四年的时间，每年进行一个方面的变革。这样可以减少组织中因变革带来的冲击。四年的改革时间可以给人们足够的时间去适应。我们都见过守旧的人，他们需要很长时间才能接受变革。四年的时间表意味着人们不必仓促行事，所以也可以避免更多地出错，从而避免许多不必要的浪费。如果你造成了太多的短期问题，失去了重要支持者的支持怎么办？但是行动得稍微慢一些，你就可以让更多的人参与进来，让他们产生更多的主人翁意识。我还可以罗列出许多好处，不过现在你应该已经明白——在四年里慢慢进行变革，的确有很多好处。

几年前，我在纽约买第一所房子的时候，一个房地产经纪人说得很有道理。我当时像发了疯一样想买房子。当我敲定这笔交易之后，房地产经纪人对我说："这房子得大修，而且是彻底大修，这所有 65 年历史的房子有绝对的升值潜力。现在你得把所有需要修的东西列个清单，而且在六个月之内把一切弄好。一定要在六个月之内解决问题。”我说：“你疯了吗？一所65年的房子？我破产了。我付过定金、税金、律师费以后，已经没钱了。再说，我是个很能自律的人，可以用五年时间慢慢把一切修理好。”她说：“不，你不会的，因为六个月以后，你就会习惯现在的状况。你会觉得一切都挺好。就算客厅里有具尸体，你也会若无其事地跨过去。”

我至今仍记得这些话。让我惊讶的是，一切都被她说中了。错的是我。六个月内没有修理的那些东西，在五年之后我卖房子的时候仍然没修。

公司也会遇到类似的事情。要想慢慢地实现一个愿景，需要惊人的自律。实际上，行动缓慢的组织，很可能在开始的时候解决一些问题，然后就停下来，安于现状了。所以，如果你不赶快行动，就会被组织的惰性征服。在最初的成功迹象显露出来的时候——也就是当你修理好烤炉，油漆好墙壁之后——你就会说：“好了，我们干得差不多了。”从此再也没有下文。

行动迟缓还可能带来另一个问题，那就是腐蚀作用——水滴石穿、蝼蚁溃堤就是这个道理。人们会渐渐对变革产生不安、恐慌和怀疑。“理查德离开了，我要不要也离开？”如果四年之中一直存在这种情况，那么变革过程中就会人心惶惶，这对谁都没有好处。

我认为这是一个很大的问题。你可能有了一个愿景，之后最关键的就是确定行动的速度。我觉得，有些时候慢慢来的确不错——当进行变革的组织没有承受很大压力，组织内部普遍存在抵制情绪，企业规模过大，或者不知如何开始变革行动的时候。但我们的情况并非如此。

我们选择的是快速行动。现在回顾起来，那的确是一个重要的抉择。

显然，你可能行动过快，结果发现自己陷入了很大的麻烦，例如，人们的恐慌和愤怒发展到了危险的水平。这种情况确实有可能发生。但是，我们应该时刻记住，在 21 世纪，整个世界都在不断加快其发展变化的脚步。通常来说，这就意味着，组织内部也必须加快发展变革的速度。如果你对此怀疑，可以想想这个："愤怒客户的录像带"（步骤 1）是在几天中完成的，"会议桌上的手套"（步骤 1）是在一个月中完成的，"描述未来图景"（步骤 3）是在几个月中完成的，"莫罗将军和我在海上漂流"（步骤 2）中的关键会议是在一个小时内完成的，"原地组装"（步骤 3）中的关键部分是在几个星期内完成的，"成本和服务"（步骤 3）中的愿景是在一个月里完成的。在所有这些案例中，都有一个乐观自信的人拒绝说这样的话："不，我们不能再继续了，因为……”

“客厅里的尸体”用一个令人难忘的生动故事，道出了快速行动的意义。马歇尔可能给自己的同事讲过很多遍这个故事。故事中的形象在策略制定过程中，对他们也有一定的影响。你可能认为这种影响只是微乎其微的。一个故事又能有多大的影响力呢？

人类历史很好地证明了成语的影响和圣经的力量：绝对不要低估一个好故事的力量。

不妨一试

▶ 如果领导团队对变革行动没有明确的愿景，或者他们对现有的愿景并不满意，可以试试这个。

和这个团队一起为《财富》杂志写一篇稿子，介绍变革的成果，时间定为五年之后。文章应该包括以下方面：

- 组织发生了哪些变化
- 客户对公司有哪些评价
- 职员有哪些评论
- 相关指数呈现的结果

文章要尽量写得具体——包括引用人们的评价，实际的数字，以及对新产品/服务/流程的清晰描述。

总之，尽量把它写得像《财富》上的文章一样。

可以开一个会来讨论文章中的主要内容，然后指派某个人写出草稿，并在第二次会议之前散发到各人手中，以便大家对其进行增补和修改。可以根据具体情况决定会议的次数和长度。

STEP 3

步骤 3

设计愿景战略

制定正确的愿景和策略，来指导变革过程中以后几个阶段的行动。

行得通的方式

- 描述可能的未来图景。
- 用简单明了的话表达出明确的愿景。
- 不断发展完善的愿景——就像委员会为人们提供服务。
- 用大胆的策略指导人们实现大胆的愿景。
- 注意变革的速度。

行不通的方式

- 认为简单的计划或预算就足够指导人们实现未来的愿景。
- 在制定愿景时过分强调财务分析。
- 过分降低运营成本，这会导致人们心理上的不安和压抑。
- 用过多道理说服人们制定他们从未尝试过的大胆策略。

需要记住的故事

- 描述未来图景
- 成本和服务
- 原地组装
- 客厅里的尸体

步骤 4

沟通变革愿景

THE HEART OF CHANGE

在成功的变革案例中，领导团队并没有将变革的愿景和策略束之高阁，而是把它们广泛地传达给所有参与者，让他们理解和接受。这样做的目的就是让尽可能多的人行动起来，实现变革的愿景。

愿景传达失败有很多原因。其中最明显的一个就是表达不够明确。这会让人们觉得迷惑："他们究竟要说什么？"通常，这种欠明确的愿景是在步骤 3 中产生的。如果愿景和策略本身就很模糊或缺乏逻辑，那么，就不可能在传达的时候做到清晰、有逻辑。不过，步骤 4 中要讨论的是其他一些影响愿景传达的因素，因为即使愿景没有问题，也可能无法有效地传达下去。

不仅是数据传输

当我们向人们介绍大规模变革的时候，往往得到这样的回答："我不明白，我们为什么要改变那么多。""他们根本不知道自己在干什么。""我们不可能做到所有这些。""这些家伙是认真的，还是在合伙跟我开玩笑？""他们是不是想让我吃亏，好为自己赚钱？"或者"老天，我会不会受到牵连？"在成功的变革案例中，指导团队并不因这种事实而感到恼火，也不会抱怨人们太不讲道理。他们只是想办法解决这个问题，其中的关键就是：交流不仅仅是数据传输。你得抓住人们关心的问题，接受他们的不安情绪，取得他们的信任，让他们对愿景建立起信心。伟大的领导者往往可以毫不费力地做到这些。但我们一般的人就需要在开口之前先下一番功夫了。

准备问答

▶ 迈克·戴维斯（Mike Davies）、凯文·比盖特（Kevin Bygate）提供

我们启动各项变革后三年，组织中从高级经理层以下的每个人都有了与从前不同的工作。要在使客户不受影响的情况下做到这些的确很难。

为了把组织结构转变成以团队为基础的形式，20 名经理先通过会议进行了最基本的交流——这次变革的思想就是由他们提出的。最后，他们向工会和每个职员传达了这种思想。为了协助这 20 名经理，我们做了大量工作，包括进行发言和准备问答。关于变革可能对人们产生怎样的影响，我们想了很多。由于不确定性和时间紧迫，我们知道的很有限，但我们并不画地自限。我们希望能够尽量回答“这对我意味着什么”一类的问题。我们觉得，如果不能回答这类问题，就很难让人们接受变革的思想，理解为什么以团队为基础的组织策略是对的。

在准备问答的时候，我们采用了角色扮演的方法。20名作为代表的经理扮演他们自己，其他的管理人员则扮演职员。我们会提出各种各样可以想到的尖锐问题，把发言拆分成很小的部分，让每个人负责一部分。这样在模拟发言的时候，就会不时有人提问。“如果我只会开铲车，不会别的，我是不是就要被淘汰？你能把这点说明白些吗？”而当你还没有来得及回答完这个问题的时候，又会有人提问：“我们怎么决定谁来当新团队的领导？我们怎么知道这个决策的过程是不是公平？我们成立工会就是因为很多事情都不公平。决策能在多大程度上考虑工会的意见？”你在第一次面对所有这些问题时，总是会表现得像个傻瓜，说的话让每个人都摸不着头脑——包括自己在内——弄不好还会引起一场“工人暴动”。

我们为发言代表准备了问答资料，其中有我们通过角色扮演，总结出的大约200个问题，每个问题都配有相应的答案。例如，其中有一个这样的问题：“现存的管理结构会不会发生什么变化，尤其是车间主管这个职位会不会有什么变化？”要回答这个问题，你可能一开头就得说上10分钟。但问答资料中提供的回答，只需要30秒就能把问题说得清楚明白。问答资料的宗旨就是简单、明白、精确。

我们的 20 名“传达者”反复练习这些问题：先把它们背下来，然后试着演练，不断用角色扮演的方法进行练习，直到他们能够自如地回答所有问题。学会回答 200 个问题，听起来似乎工作量很大，但我们还是做到了。要知道，这并不是先回答一个关于养蜂的问题，再回答一个关于怎样装轮胎的问题，然后再回答一个完全不搭边的其他问题。所有的问题都是围绕着我们自己和我们的愿景展开的。你对这些问题越清楚，背答案的时候就越轻松，也就越容易有效传达。

有的时候，你只需要记住一些你以前不知道的信息就可以了。但在许多时候，你面临的主要挑战是如何将已知的信息以最有效的方式传达出去。人们的问题可能以问题的形式出现，也可能以陈述的形式出现。他们在提问的时候或许只是凭着一时冲动，根本没有经过仔细思考。你必须正确地应对他们的情绪。练习可以帮助你做到这些。我们的代表们做到了，而且大多数人的交流都很有效，虽然他们并不是交流专家。他们没有被人们暴打一顿，而是成功地传达了愿景。

自信往往是最关键的因素。在我看来，人们用不了半分钟，就能看出说话的人的确相信自己的话，而且了解发生的事情。这会使你传达的信息更易于接受。对于我们来说，让工人和工会接受变革的愿景是至关重要的。

准备问答

目　睹

用经过精心准备的发言，向职员介绍将要进行的变革，并鼓励他们提问。在问答过程中，每个发言人都能迅速明确地回答问题，充满自信，而且不为自己辩白。这样，人们才会相信变革的思想并不混乱，发言人对愿景充满信心，而且回答问题的人都认为，变革对职员是有好处的。

感　受

人们原来的恐惧、愤怒、不信任和悲观退却，渐渐消失，取而代之的是对变革的信心和对未来的希望。

变　革

职员开始接受变革的思想。他们不再浪费时间去继续那些不安的议论。在接到指示后，他们开始采取步骤去实现愿景。

我相信我们的方法在其他地方也是适用的。

有些职员一听到合并、开发革命性的新产品，或任何类似的事情，就会感到兴奋。“现在正是时候。”而有些人则需要一些指点才能理解。“我肯定这很了不起——请再把愿景说一遍，第三个策略我还不大懂。”但是大部分人却会感到紧张。即使他们也觉得现在必须得做点儿什么了，即使他们也认为变革是对的，即使变革的愿景合情合理，但他们还是会紧张。一时之间，所有没有安全感的气泡都浮出了水面。人们普遍感到恐慌，纷纷低声询问：“这会不会伤害到我？”在“准备问答”中，领导团队为解决这个问题，想出一种角色扮演的方法，让传达愿景的发言人学会应对人们的各种情绪，这不仅稳定了他们的情绪，甚至给了他们一些鼓励，让他们对未来产生了希望。角色扮演分两部分：发言和问答。剧本是为观众量身定做的。观众是哪些人，他们需要些什么，他们会有怎样的反应？领导团队选择了演员，进行了排练。演出的第二部分比第一部分困难 10 倍，所以排练时安排的难度也比较高。直到演员们排练到得心应手，演出才开始。然后：

- 他们在观众面前表现得应对如流，条理清晰，表明变革的思想并没有丝毫混乱之处。
- 演员们回答问题的时候充满自信，表明他们对自己正在做的事情有充分的信心。

- 他们在回答尖锐的问题时，没有为自己辩白，表明变革对企业和职员都是有好处的。

是的，观众的确收到了信息，但更重要的是，他们的情绪也得到了平复。这样一来，人们就会更开放、更清晰地倾听关于变革的其他指导，也会更加努力地去实现变革愿景。

穿过信息雪崩

想象一次经过精心准备的问答。这次问答有 20 分钟时间，在此之前，已经开了一天的会议，其中包括 4 次其他的讨论会、9 次发言和其他一些活动。这听上去很可笑，但我们在现实中却经常遇到类似的情况。

我们的交流渠道总是过分拥挤。这正是现代生活的一部分。但是在如潮涌来的信息洪流中，绝大部分信息都和我们无关，或者只有很小的关系。可以做一个有趣的实验（虽然也有些烦人），用录像跟踪你一天的活动，记录下每一次交谈，每一封邮件，每一个电子邮件，每一次会议，以及你在报纸上读的每一句话，在电视上看到的每一个画面，等等。然后对这些信息进行分析，看其中有多少是你在工作中真正需要的。在分析的时候必须格外小心——一小段看似无关的对话实际上可能非常重要，因为对方正是你要依靠的人，而这段对话可以让你与他之间建立起一定的关系。尽管如此，实验的结果还是很明显。你每天接触的信息不计其数，而其中只有很小的一部分对你的工作有帮助。不管你相信与否，这很小的一部分其实就是 1%。由于交流渠道的堵塞，即使人们愿意去理解变革愿景，真正的信息也很可能在与其他信息的碰撞中被遗失。

解决问题的办法之一就是排除一些交流障碍。

我的文件夹

▶ 弗雷德·伍兹（Fred Woods）提供

在我们的公司里，变革的最大阻碍在于，我们无法把重要的信息准确、有效地传达给 12 万职员。人们总是在接收来自四面八方的各种信息。一会儿是关于你自己工作的留言，一会儿是上司拿给你的备忘录。接着公司的 IT 总监又发给你一条关于公司内部信息安全的通告。然后，可能还有某个政治行动委员会给你发来一份筹资简介。所有这些信息都会从每天一大早就开始向人们进行轮番轰炸。我相信，人们有时候已经被这些信息弄得麻木了，根本一个字也看不下去。

我和公司首席执行官道格（Doug）一起出差时，总有职员在会上对他说："我不明白……"或者"我们再讨论一下……好吗?”而他也总是回答,“上周的《巴伦》(*Barron's*)杂志上有一篇文章,可以说明这个问题”或者“我们已经在上个月的职员会议上讨论过三次了。”然后,他就会瞪着我,显然觉得我没有做好职员沟通的工作。但我们确实已经把这些信息都传达给职员了。他们只是不记得而已,因为就算他们10天前才看过,但那之后不计其数的信息也足以让他们忘记原来看过的东西。或者,他们面对着桌子上的一大堆公司通告,已经变得麻木了,何况他们还得每一刻钟接待六名客户,所以,这一大堆的通告只好直接被丢进纸篓了。

我们正在试图改变这种状况。

交流的主要任务需要由领导者来承担。这是毫无疑问的。这项工作不应交给传达人员去完成。但是我们可以帮助领导者清除一些交流的障碍。而这就是我们现在工作的重点。

我们对领导者与职员之间的交流进行了研究,结果发现职员每天接收到的信息中,有80%都是强加给他们的。他们没有要求得到这些信息,可能也不需要它们。但不管喜欢与否,他们还是收到了这些信息。

为了解决这个问题,我们学习了Yahoo.com的经验。我们现在正在建立一个职员网站,每天把所有要传达的信息都发布在网站上。利用My Yahoo!的创意,我们已经开始发展一种类似的功能——我的文件夹——职员可以根据自己的需要，选择出现在自己桌面上的信息。这样一来，虽然我们每天仍然发布大量信息，但是员工得到的，却是那些他们真正需要的信息，而且只有这些信息——除非他们想得到更多别的信息。他们得到的信息将更容易理解，同时对他们当前和以后的工作也更有帮助。

一旦投入应用，“我的文件夹”将大大减轻职员接收信息的负担，我们也能更容易地将重大的特别通告，有效地传达给职员。我们没有做过准确的统计，但就目前的反馈来看，人们都为这个变革而欢欣鼓舞，非常盼望这种工具可以帮助他们淘汰不相关的信息，同时对重要信息有更好的理解。“我的文件夹”不仅解决了公司内部的交流问题，也大大减轻了职员的工作负担。

“我的文件夹”并不能解决所有的问题，但确实巧妙地运用新技术，减少了信息之间的彼此干扰。它当然也会遭到批评。“什么？”市场部或财务部的人会说，“每个人都必须了解某某信息。它必须发送到每个人手里！”你必须应付诸如此类的情况，有些人很难放弃旧的交流方式。但是，要记得，没有通畅的交流渠道，你就不能影响职员的情绪，也不能得到你所希望的行动。

打通信息通道，过滤干扰信息，是一个很好的观念，可以用到很多地方。现在我们有了这么多先进的技术，为什么还要让每个人阅读同样的公司简报，接收大量和自己的工作毫无关系的信息？我们已经知道，现在不用去订 100 版的报纸，而只要从网上下载两个我们感兴趣的版面就可以了。既然可以这样，为什么不能把同样的理念应用到公司中呢？同样地，为什么要许多人一起挤在会议室里，听一些和自己的工作没有太大关系的讨论呢？我们不喜欢这样，因为这将使信息过量的情况进一步恶化。在缓慢发展的世界，信息过量已经是一个问题。现在世界发展的脚步加快了，问题就更大了。

言行一致

经历过成功变革的人，通常清楚言行不一的破坏性力量。

言胜于行，这是人所共知的道理。如果你言行不一的话，别人以后恐怕就很难再信任你了。相反，言行一致是最有力的说服方法。比如说，你告诉大家，整个公司的企业文化应当进行变革，大家应当表现出更大的参与热情，随后你就对年度管理会议进行改革，使大家彼此之间能够进行真正的交流。你向大家公布了公司的变革愿景，随后便把那些提出很好新想法的人宣扬成英雄。

你表示了对当前全球化趋势的关注，随后便任命了两名外国人进入公司的高级管理层。你强调削减成本的重要性，随后便开始制止与职能部门相关的奢侈浪费行为。你的行为强化了你的言语，也会使你今后的言语变得更有分量。

执行官楼层大改造

▶ 劳拉·泰尼森（Laura Tennison）提供

提出愿景之后，我相信已经得到了大家的认同，而且还在一定程度上激发了大家的热情。但事隔不久，我便听到几位员工的谈论，在他们看来，如果执行官所在的楼层还那么豪华，我们根本不可能真正实现降低成本的愿景。他们实际上是在说，“当你们挥金如土地装饰自己的办公室的时候，我们怎么可能真正地提高生产力呢？”在我看来，他们的这种想法是有道理的。而且他们谈得越多，就有越多的人受到他们的影响，而有这种想法的人也就越来越多。

公司总部的执行官楼层的确非常奢侈，每个房间都很大。有人甚至开玩笑说，总裁的办公室足有半个篮球场那么大。几乎所有的办公室都有一个相邻的会议室和一个私人卫生间。许多卫生间里都有淋浴设备。房间里摆设着做工精致的木船，还有专用的私人电梯直达该楼层。整个楼层的保安系统非常庞大而精密，需要至少四名保安人员才能控制。墙上挂了很多昂贵的艺术品，可以说价值连城。

我们把办公室装修得如此豪华是有一定原因的。当时，执行官的薪水并不是很高，豪华的办公室就成了吸引他们的一个重要因素。大客户们也通常会根据一家公司执行官的办公室，来判断这家公司的实力，从而决定是否与其进行交易。至于安全方面的装备，那是因为我们在20世纪70年代，曾经由于安全措施不力发生过几起事故。

如何处理这个问题呢？我们就此展开了几次讨论。我们可以将除董事长办公室之外的所有卫生间撤掉。或许我们可以将其中的几间会议室改装成办公室。或许我们还可以把那些最昂贵的艺术品拿去博物馆做抵押，这样可以帮助我们筹措到一笔资金。但这些讨论并没有形成任何一致性的决议。“这些建议都会涉及很高的成本。而我们当前的核心问题是节约成本。”“我们必须把注意力集中到一些更大的问题上，为什么老是跟家具过不去呢？”

两年前，我们刚聘请了一位新CEO。我记得自己还曾经为如何处理他的办公室，担心了一段时间，但这段时间并不长。

几乎就在到任之后不久，这位CEO便马上决定改造整个执行官所在的楼层。我们对整个楼层进行了翻修。在施工期间，一些人被安排到其他楼层。办公室的规模也大大缩小。卫生间不见了。我们设置了一些会议室，但它们不再是办公室的附属设备。新的装饰品看上去更加轻快，更加充满时代气息，而且价格也比较便宜。我们更多地使用了新技术，大大减少了秘书的人数。我们将专用快速电梯改装成为普通电梯，每个人都可以使用。我们变卖了那些艺术品。我们还对保安系统进行了改进，使其变得不那么显眼，所用到的人力也大大减少。

我们所做的一切都起到了非常明显的效果。当人们看到这些变化的时候，他们对执行官楼层的看法和感受也渐渐发生了改变。以前的“富人俱乐部”一去不复返了。

有人认为，我们这次大兴土木实际上增加了公司的开销。但毫无疑问，通过对办公室的改装，秘书人数的减少，艺术品的拍卖，保安成本的降低，以及专用电梯的公开，我们在24个月的时间里，就收回了这次变革所增加的成本，而且，此后公司的运营成本也大大降低了。许多人相信，自己所在组织的管理层确实能够做到言出必践。

但即使非常敬业的领导团队，做到言行一致也是一件非常困难的事——其原因至少有三点：首先，你有时可能甚至注意不到，自己言行之间存在着不一致。比如说，在上面的案例中，你可能会问“办公室的规模与真正的问题——重复劳动，过于烦琐的官僚机构设置，慵懒散漫的采购流程——之间有什么必然联系呢？”其次，你可能也看到了这种不一致，只是没有给予足够的重视罢了。“改造整个楼层要花费更高的成本。”最后，你意识到了问题的严重性，而且也知道应该如何解决它，只是你不喜欢这个答案（更小的办公室，而且没有卫生间！）。

在那些取得成功的大规模变革中，领导团队的成员常常会通过互相帮助的方式，来解决这个问题。在会议结束的时候，他们可以相互提醒一下，“我们在过去的一个星期里所采取的行动，是否与变革愿景相一致？”如果答案是否定的话——在大多数情况下都是如此——他们就会接着问，“那么，从现在开始，我们应该进行哪些改进，以避免在未来继续犯类似的错误呢？”在紧迫感、责任心和对愿景的信念等因素全部具备之后，变革的领导者们就应该做出一些个人牺牲。

诚实的沟通与交流，能够对绝大部分员工起到很大的帮助作用。领导团队会说：“我们自身也需要进行一定的变革。我们和你们一样，都不可能在变革的过程中一步到位。这就意味着，我们的言行会存在一些不一致的现象。我们需要你们的帮助和支持，就好像我们会不遗余力地给予你们帮助和支持一样。”

一般情况下，人们都喜欢这种坦诚的交流。这会使他们感到更加安全。在很多时候，即使真实的信息会让他们感到不安，他们也还是希望你能够真诚地对待他们。

新技术

在成功的愿景沟通中，信息必须真实，而且必须由真实的人来传达。新的技术，虽然显得有些冷冰冰，而且不够人性化，但还是能够提供一些有用的信息发送渠道。这些渠道包括：通信卫星广播、电话会议、网络广播和电子邮件等。

虽然一张通过卫星传输的老板照片，可能远不及亲自看到老板本人坐在会议室里，但它总比一张备忘录要好得多。即使是记录老板与员工之间互动的录像带，也可以比文件传达更多的信息。

新的技术可以通过一些非常富有创造性的方式，解决沟通方面存在的问题。比如说，信息不断流动，来来去去，总裁坐在这间屋子里，但他总是要离开。备忘录是个好东西，但它最终也会被扔进垃圾堆。那么什么不会离开这间屋子呢？什么东西可以一天 24 小时地留在那里，一直不停地传达信息呢？

屏幕保护程序

▶ 肯·莫兰（Ken Moran）提供

在我们产生这一创意之前，公司没有一个固定的屏幕保护程序。每个人都可以凭借自己的喜好自由选择，比如说，某些墙纸，或者是他们从因特网上下载的一些东西。许多人一般都会这样度过上午的时光：走进办公室，冲一杯咖啡，跟同事打一下招呼，然后，走到自己的办公桌前，打开计算机……一天的工作就这样开始了。现在想象一下，你走进办公室，冲一杯咖啡，和同事打一下招呼，打开计算机，然后发现情况与往日有些不同。你看了看自己的计算机屏幕，突然发现平时那只会游来游去的鱼，如今已经成了一张被蓝圈包围的彩色英国地图。随着这个形象缓慢地沿着屏幕移动，你发现蓝圈的周围印着这样一句话："我们要在 2001 年占据英国市场的最高份额。"这就是大约两年前，我们向所有员工推出的新形象。

由于屏幕保护程序在同一天早晨出现在所有的计算机上，所以我们的这一举动让每个人都感到震惊。我们最近已经宣布了新愿景，所以，这个概念每个人都能理解。这种做法的主要意义，并不是要通过这种方式来介绍我们的愿景，而是要激发大家的责任感，并使这一理念始终留在人们心目中。"成为第一"这一口号所产生的激励作用几乎是无限的。我们想要人们知道，公司对实现这一愿景抱有坚定的决心，知道这并不是某个领导人的一时冲动，而是整个公司要持之以恒，加以努力的方向和愿景。通过把信息放在人们的计算机上，他们每次打开计算机的时候，都可以看到这句话——这是一种强化信息的很好方式。

毫无疑问，每个人都在讨论这个新的屏幕保护程序。就在当天，我听到人们在大厅里说，“今天上午打开计算机的时候，我发现了一件非常奇怪的事情……哦，你看到那些新的屏幕保护程序了吗？”在接下来的几个星期里，这种谈话渐渐变成“你认为我们 2001 年能在英国市场占据最高的份额吗？”在后来的一次部门会议上，大家已经开始讨论一些比较具体的计划了：2001 年在英国市场推出五种新产品，每年市场份额的增长不低于 15%，每年的销售额都要达到第一。“如果我们能够做到这些，”人们说，“我们最终就会实现自己的愿景，对于这一点，我信心十足。”

当然，不喜欢这一举动的人也表示出了一些怀疑。他们认为我们的要求过于严格了。就在更换新屏幕保护的当天，我们听到有人说，“他们怎么能改变我计算机里的设置呢！我以前的屏幕保护程序哪里去了？”这些人无法接受“自己必须改变”这一事实，所以真正的问题并不在于屏幕保护程序。对这些人来说，他们希望我们能放弃新愿景提出的那些想法，只是将其当成一时冲动。但新的屏幕保护程序——如今已经成为整个公司范围内流传最广的东西——使得他们很难忽视我们的愿景。

一段时间之后，我们对屏幕保护程序进行了更新。除了继续保留原有的蓝圈包围的英国地图之外，我们对蓝圈周围的信息进行了更改。这在公司引发了新一轮的讨论，人们对我们的愿景有了更新的认识。当我走进办公室，要求人们说出我们去年的成就和今年的目标时，大家几乎可以毫不犹豫地给出答案。需要指出的是，就在一年前，这些人或许都不能记住公司的发展方向，更不要说具体的目标了。

就这样，我们不断更新每个人桌面上的屏幕保护程序，而它最终也成了整个公司所认可的一种形象。这是一件非常了不起的事情，因为纸面的文件可能随时会被丢弃，但屏幕保护程序却可以时时提醒大家，记住我们公司的愿景。当公司中的大部分人都能理解我们的愿景是什么时，它所带来的变化是非常惊人的。

如果处理不当的话，新的屏幕保护程序，可能就像奥威尔小说里的独裁者一样可笑。但它们所产生的作用也是不容忽视的。

在采用这种方法的时候，视觉形象设计是一个非常重要的环节。除了读之外，人们还会看，而看的力量是非常巨大的。其他的新技术也可以达成类似的效果。通信卫星可以转播移动画面；执行官出现在可视电话会议上，声音加图像可以给大家留下深刻印象；通过内部网传送的录像带，可以起到和卫星广播相似的作用。我们会在因特网上看到越来越多的录像内容——虽然这要耗费一定的成本。

和紧迫感（步骤 1）的问题一样，单用我们上面谈到的任何一种方法都是不够的。在使用网络广播和屏幕保护程序的同时，你还应该事先准备好问答会议，建立新的组织结构，等等。在某些情况下，你可能会认为，这些沟通所需要的时间和资源的投入过于庞大。对于一个在提倡“渐进式变革”时代（在这个时代，人们不需要进行太多的愿景和战略沟通）长大的人来说，现在我们所做的一切可能都更像是一个沉重的负担。但所有这一切都是我们为了赶上时代潮流所必须承担的。学习新的技能，清理沟通渠道的障碍，增加新的技术，所有这一切，都不再是一座难以逾越的大山。它已经成为组织生活的一部分，成为一个组织不断向上发展所不可缺少的东西。

不妨一试

▶ **目标：正确评估你周围的人，能在多大程度上理解和领会变革愿景和战略**

方法 1

组成一个团队，其成员必须是员工认为比较“安全”的人。比如说，与工人们关系比较密切的人力资源部门的工作人员，再加上那些发誓会保密，而且看起来很可靠的咨询人员。让他们与你组织（那些你能够对其施加影响的单位）中的员工代表谈一下。在这个过程中，他们应该提出这些问题：我们需要了解一下，大家对此次组织变革的愿景和战略的理解程度。你的理解是怎样的？你认为这些愿景可行吗？它们看起来是否有足够的吸引力？你是否真的愿意为实现这个愿景贡献力量？然后，他们可以用匿名的方式将所有的答案收集起来，向你汇报结果。这种做法的成本并不一定很高——尤其是在一些规模比较大的组织中。这也正是抽样的美妙之所在。

方法 2

如果你的企业每年都会组织员工进行“态度研究”，或者其他与沟通问题相关的类似培训。“你是否理解我们的变革愿景？你是否接受它？”这种方法成本极低，而且操作起来也非常简单，但问题就在于它一年只能举行一次。

方法 3

设计一份特殊的问卷，然后将其散发给你的员工。通过这种方法，你可以提出更多的问题，而且也没有时间的限制，但成本会相对较高，而且需要投入更多的精力。这可能是一件好事，也可以被看成是一件坏事。如果你不愿意冒险的话，我建议你还是不要采取这种方法。

方法 4

你可以和某些人就此事进行非正式的交谈。聆听他们的意见，同时要注意体会他们的言外之意。

STEP 4

步骤 4

沟通变革愿景

有效地沟通变革愿景和战略，以便使人们更好地理解并接受它们。

行得通的方式

- 使沟通的过程简单而真诚，不要过于复杂，也不要太做作。

- 在沟通之前一定要做好准备，尤其是要理解人们的真实感受。
- 要注意解决人们心中的焦虑、混乱、愤怒和不信任的情感。
- 要消除沟通渠道中的障碍性因素，这样就可以保证重要的信息能够畅通无阻。
- 使用新技术（比如说内部网、通信卫星等）来帮助人们看到未来的愿景。

行不通的方式

- 沟通不足，这种现象经常发生。
- 沟通的方式过于死板，好像只是单纯地传达信息。
- 讲话散漫无序，不自觉地在人们心中培养了一种怀疑情绪。

需要记住的故事

- 准备问答
- 我的文件夹
- 执行官楼层大改造
- 屏幕保护程序

步骤 5

善于授权赋能

THE HEART OF CHANGE

在那些非常成功的大规模变革中，当人们开始理解，并针对其采取行动的时候，你必须事先清除他们道路上的障碍。这就好比在一艘大船出海之前，你必须为其更换船帆一样。你必须为他们计算好最佳的出海时间和风向。同时你还要设法消除团队中的消极悲观因素，给船员们配备一位乐观积极的船长。

“授权”这个词的分量是如此之重，以至于你很可能会打算放弃它。但我们不会。在我们使用这个术语的时候，它的含义不只是“给予人们新的权力和新的任务，然后扬长而去”。在我们看来，授权的核心含义就是，为执行者扫清前进道路上的障碍。

扫除“老板”障碍

在很多情况下，变革过程中最大的障碍正是来自你的老板——他可能是你的顶头上司，或者是任何级别高你一等的人，一位一线主管，或是一位执行副总裁。下属们理解了企业变革的愿景和方向，他们希望能够贡献出一分力量，来推动自己的企业朝着理想的方向发展，但却遭到了上司的坚决抵制。这些上司的话语、行动，甚至言语中微妙的颤动，都明确地向你暗示，“这次变革是一种非常愚蠢的行为。”这时，他的下属（如果不是傻瓜的话）要么会放弃变革的努力，要么就会花大量的时间来绕过自己的老板。

“老板障碍”的问题，通常可以通过三种方式解决。我们可以忽视这个问题，把那些导致障碍的人送去参加短期培训教程，或者（这种情况很少出现）我们可以解雇这个人或给他 / 她降职，也可以把他 / 她调到其他部门。但这都不是好的解决方案，为什么这么说呢？首先，很明显，把这个人解雇并不是可取的做法，降职也不会产生明显的效果，至于第三种做法，如果处理不当的话，它会导致整个组织内部的恐惧升级，结果适得其反。

在那些取得成功的大规模变革中，人们首先都会直接面对这个问题。为了公平起见，他们会向那些“障碍”人物解释当前的局面。如果解释无效的话——在很多情况下都是如此——他们还会提出一些更有创造性的想法。

改造你的老板

▸ 提姆·华莱士（Tim Wallace）提供

在实施变革的过程中，我们遇到的一个最大障碍就是乔。他是一个非常古板的人，以至于同事们告诫我，“你永远别想改变这个人。”他是公司的元老级人物，已经在这里待了 20 多年，而且他深深地为我们的产品感到自豪。每次听说有客户希望对我们的产品或生产方式进行修改时，他都会火冒三丈。在他看来，我们向客户提供的产品是无可挑剔的，“这些客户也实在太吹毛求疵了。”当有人提出一项建议的时候，他的反应通常有两种：“我们试过了，这种方法行不通，”或者是“我们已经考虑过了，这个建议被否决了。”在我看来，他是一个非常出色的人，颇有天分，有丰富的经验，唯一的缺点就是过于因循守旧，根本不愿意从客户的角度来看问题。

有一次，我们的一位客户建议我们替换掉乔，我没有同意，无论如何，乔是在试图维护公司的利益，我不愿意解雇这样一个人。所以，我考虑了一下之后，对这位客户说：“我们可以采用其他方法，这样对我们双方都有帮助。”

我们请求这位客户允许乔到他的公司工作六个月（费用由我们承担）。这样他就可以接触到新的环境和新的老板。为了促成此事，我们同意在此期间，乔的工资继续由我方支付。而且我们同意，六个月后，我们将把乔调回公司担任客户代表的工作（具体负责检查我们向该客户提供的所有产品）。这份工作不同于乔以往的经历，但它是一份很重要的工作。所有这些工作的目的只有一个：把这个曾经是障碍的家伙，转变为一个能够积极帮助我们的人。

乔的老板认为这个计划根本行不通，但他还是同意让我们试一下。刚开始的时候，乔非常不愿意接受这个想法。“我有自己的工作需要完成，在此之前，我不想接手其他任何事情。”我告诉他，我们非常需要他在这方面的专业知识，因为只有他才能告诉我们，对方在使用我们产品的过程中发生的情形。他真是一个非常顽固的家伙，我们再三解释，他还是不肯轻易改变。最后我们只得请他的老板向他发出最后通牒，“你目前只有两种选择：接受或离开。”

就这样，乔进入了一个新的世界。他的新工作是在客户工厂里担任质量巡视员。刚开始的时候，他很难转变自己的思想，但为了生存，他不得不尝试着去改变自己。他必须学会处理一项新的工作，适应一家新的公司，必须学会如何从客户的角度，来看待我们的产品。因为如果不这样的话，他就会失败。

当然，他不想成为一个失败者，所以他努力地去接受这份新的工作。而且当他真正开始投入到这份工作中以后，他发现我们的产品（在他看来是一件完美的产品）的确不能满足客户的需求。他发现对方购买该产品的唯一原因，就是他们别无选择。由于使用产品的方式问题，一些他认为无可挑剔的产品，在使用的时候却会给客户带来很大麻烦。而且他发现产品的配送也存在很多问题。

所以他回来告诉我们，“这样可不行，我们在伤害这位客户。我们必须马上变革，否则就会失去这笔业务。”

乔最终成了这位客户所见过的最好的产品质量巡视员。他们都很喜欢他。回到公司之后，他整个人都不一样了。这位“老顽固”，变革过程中最坚决的抵制者，成了我们最优秀的经理之一。

在进行变革的过程中，每个公司都会存在一些你无法（或很难）应付的“障碍人物”。但这绝不意味着你必须安于现状。事实上，在很多情况下，你都可以通过一些创造性的解决方案来消除这些障碍，甚至将其转化为更加积极的因素。

改造你的老板

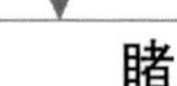

目　　睹

当一个人临时担任客户方产品质量巡视员时，就会意识到自己所在的小组正在给客户带来多大的麻烦。每一小时，每一天，他都能发现一些新的问题。

感　　受

进入新的工作岗位之后，这个人首先会感到恐惧。几天之后，他就会感到惊讶，并为自己的发现所震惊。

变革—目睹—感受—变革

他开始试图确定和解决产品质量问题。他看到了结果以及客户的反馈。积极的反馈和结果会降低恐惧和愤怒心理，并引发他内心更为积极的情感。他会更加努力地解决问题，看到结果，这样，一个目睹—感受—变革的循环就会无限地进行下去。当他回到自己以前的工作岗位上时，他的行为已经发生了巨大的变化。他不再是一个变革的反对者了，相反，他现在已经是一个积极的变革领导者了。

我们的工作在很大程度上决定了我们每天所看到的和接触到的东西，从某个角度来说，它也限制了我们的视野。在这种情况下，改变工作的力量就非常强大，以往的自满心态就可以被一扫而空。当然，对有些比较脆弱或者缺乏安全感的人来说，改变工作只会增加他们内心的恐惧，打消他们的积极性。但对于大多数人而言，工作的改变将会对他们的一生都产生影响——他们可以彻底改变自己在某些方面的观点，为迎接未来做好更加充分的准备。从组织的角度来说，改变员工工作岗位也是非常有帮助的——在我们上面谈到的案例中，一位消极的经理最终转变成为一位变革的积极分子。

对那些身处高层的人来说，变革的障碍有时会是整个中级管理层——他们会被看成是“挡在中间的石头。”高级管理层希望将变革进行到底，许多员工也都抱有这种心态，但始终无法避过眼前的这块拦路石。重要的问题是：为什么这块拦路石这么难以消解？对于这个问题的回答常常是：“他们留恋过去。”“他们不能接受一种新方法。”“他们只想保住自己的饭碗。”的确如此，但这些答案都过于悲观了。进一步分析，你就会发现，在大多数情况下，这种情况的存在，的确有其更深层次的原因：步骤 1 到步骤 4 都很少涉及中级管理层，或者说有些公司根本没有经过这些步骤。如果在进行变革之前，人们没有建立足够的紧迫感，没有对那些领导变革的人（或者说是变革愿景）产生足够的信心，你会怎么办？尤其是当大多数人都有这种想法的时候，你难道不会随波逐流吗？

消除“体制”障碍

第二种常见的阻力来自所谓的体制。10 年或 20 年之前，对于那些希望为组织变革做出一定贡献的人来说，他们会受到众多因素——层层的等级制度，各种烦琐的规则和流程等——的影响。直到今天，过于烦琐的机构设置依然是一个大问题，对政府部门来说，更是如此。

但最大的问题却是绩效评估和奖励问题。

考评与奖励如果与组织变革的方向相悖，就可能起到非常消极的作用。比如说，按照新的愿景和战略，公司当前应该采取行动 X，但公司现有的机构不仅不会通过改变系统设置，来鼓励公司朝着 X 的方向发展，他们还可能成为阻止性的力量。例如，公司的愿景是“我们希望你能够大胆地迈向未来”，而系统就会说“大胆迈向未来吧，如果成功的话，我们会给你 10 美分的奖励，否则就是当头一棒。”反之，如果企业评估和奖励方式在一定程度上奖励那些符合组织发展需要的行为，对那些得到认可和授权的员工来说，它是一种授权。

世界范围内的竞争

▶ 路易斯 · 伯林格（Louise Berringer）提供

本公司希望取得重大的进步，真正的突破性进展，不只是 20%，而是 50% 的提高。我们知道这并不是不可能，但由于历史原因，我们可能会遭到大多数员工的反对。他们会说：“能提高 10 个百分点就已经不错了。”所以我们需要告诉他们，新的愿景是完全可能实现的，让他们相信自己能够取得更大的成就。因此我们就发明了“世界范围内的竞争”这一理念。

我们相信，如果要想取得巨大的进步，我们就必须启动一个巨大的，与我们以往的做法不同的项目。参与“世界范围内的竞争”的团队来自公司在各国各地的分公司。一旦团队成员到位，他们就开始制订自己的“改进计划”，并以自己所在地区其他团队的工作为参照，来衡量自己的工作。胜者将进入下一阶段，并与当地的团队工作进行比较。他们最终将进入全球性的竞争。

决赛通常会在一些比较特殊的地点，而非我们在法兰克福的总部举行。今年，我们把比赛的地点定在了巴厘岛。我们在当地一家非常豪华的酒店里的会议室待了一天半。来自全球范围内的10个团队出席了会议。评审团的成员主要包括，我们的高级管理层和几位客户代表。参加会议的总人数大约为100人。

每支团队都必须用英语口头报告自己的成果。这也是参赛的规则之一。对某些人来说，这的确是一件非常困难的事。他们不大会说英语，而且这也可能是他们第一次离开自己的国家。我们曾经有一个来自印度的团队，他们甚至从来都没有离开过自己所在的村庄。

每支团队有20分钟的报告时间。我们对时间的限制非常严格。如果有某团队超过了20分钟的时限，我们会马上进行警告，而他们则必须立刻停止。通过这种方式，我们有效地控制了整个报告的时间，而观众也可以对每个报告都高度地关注。

今年的参赛团队都非常富有革新精神，他们知道如何最大限度地利用这20分钟。有一支团队使用了一块印有自己祖国语言的牌子，结果使演示变成了一个小测验。"主持人"会提出一些问题，"为了把周期降低50个百分点，我们使用了一种特殊的工具，你们能说出这种工具的名称吗？"然后大家开始抢答。每个人都穿得很正式，讲台前面摆放着刻有自己姓名的牌子，就像真正的节目主持人那样。这听起来可能有些滑稽，但却是一种非常了不起的演示方式。还有一支团队假装是在自己的总部举行一场正式的会议，大家坐在桌子旁边，讨论当前的问题，并不断提出许多富有创造性的解决方案。在他们讨论的过程中，评委也渐渐开始了解他们的工作情况。许多团队还带来了自己的样品——从最小的CD机到大型的电子钢琴——为自己的讲演做注解。

我们下午放假，所有的团队成员都可以自由活动。然后我们会在晚上再次聚到一起，进行最后的演示和正式的庆祝活动。我们请了当地的舞蹈演员，买了很多纪念品，并在酒店外面的花园里举行了一场露天的民族食品大餐。每个人都在衣服外面套着一件草裙。音乐响起（音乐的名称可能是《我们是冠军》（*We Are the Champions*）吧）。亚军名单公布以后，每个人都领到了一张证书。所有其他的团队都热烈鼓掌！然后我们宣布了冠军获得者。当他们走上领奖台的时候，我们可以听到《就是最好》(*Simply the Best*) 的音乐响彻云霄。

来自西班牙的团队最终获得了冠军，他们的领导者得到了奖杯，其他的6位成员也都各自领到了一枚奖牌！他们身穿自己的传统服装，站在那里，热泪盈眶。场面动人极了！

这种活动接连举行了三年。第一年参加比赛的有300支团队（每支团队平均有7名成员）。去年参赛的团队总数达到了875支。今年是比赛的最后一年，参赛的团队数目高达1 400支（大约一共有9 000人）。

这些人已经取得（和正在取得）的成就都很让人惊讶，他们几乎对整个公司都起到了一种巨大的激励作用。这些团队都呈报了自己所取得的具体成果，我们了解了50%的突破性进展，以及他们对自己的公司所产生的影响。不仅如此，我们还发现，组织中以前那些不愿意参加变革的人也开始行动起来。有时他们甚至会为了推动变革，而违反公司里的许多标准流程。制造部门的人们开发出许多新的产品，同时，对以前的产品也进行了大幅度的更新和改进。在采取这些行动的过程中，他们经常会违反现有的规则，但他们觉得自己的这种行为是得到肯定的，觉得自己已经得到了充分的授权来采取这些措施。

当我们想到评估和奖励的时候，大多数人都会想到金钱。在当今这个时代，金钱的确有很大的激励作用。人们总是觉得自己的钱不够多，即使夫妻双方都有收入，他们还是觉得应该得到更多的钱。所以，经济上的回报在组织变革过程中的作用是非常重要的。但仅仅经济上的回报还不足以激励人们改变自己的行为。

在“世界范围内的竞争”中，我们看到的是一套完全不同的评估和奖励方式。进行评估的不再是某个老板或者是一些非人性化的因素。业绩的证明也不再仅仅局限于纸面的报告。胜利者得到的回报也不是可以装进口袋的现金。我们准备的是经过精心准备的高水平的演示——有的是国家级的，有的是地区级的，有的则是全球级的。每次聚会都让人终生难忘——美丽的城市、豪华的仪式、服装、趣味十足的演示。颁奖仪式则把整次聚会推向高潮。每个人都受到巨大的鼓舞，这次聚会也成为一再被转述的故事，成为所有未参加者倾心向往的梦想。这些故事的意义非常明确：公司希望你能够进步，会为你的进步而欢欣，而且会在你真正取得进步的时候为你喝彩。所有的这些故事都得到了广泛流传，它拨动了每个人的心弦，整个组织也就响起了一片和谐的乐曲。

竞争会在无须高额奖励的情况下，激发起人们的斗志，但大家也不是傻瓜。如果设计不好，人们会觉得这种游戏毫无意义，进而会滋生一种愤怒和怀疑的情绪。诚挚是非常关键的，而且在很多情况下，如果领导团队对自己的愿景信心十足，就很容易表现出诚挚。

消除人们大脑中的障碍

在“世界范围内的竞争”中，我们还看到了最大改革阻力之一：人们的大脑。多年的稳定局面，渐进式的变革，失败的变革尝试，都会给人们的变革信心带来负面的影响。虽然他们可能不会大声地告诉你，“我不能这么做。”但在大多数情况下，他们心中还是会感到一丝的怀疑，即便事实证明他们的这种怀疑是多余的。

根据经验原则：永远不要低估人们大脑中这种消极的阻力。还有一个原则就是：永远不要低估人们之间的互助力量，一些有能力的人可以帮助其他人意识到实现愿景的可能性，他们也可以帮助别人形成坚定的信念，并进而改变人们的行为。

我能生存，你也可以

▸ 格雷格·休斯（Greg Hughes）、达雷纳·迈肯（Dalene McCann）提供

我至今还记得，当我们刚刚在整个组织范围内组建

团队的情形。为了及时了解不同部门的服务改进情况，我们一共选择了21名员工来加入我们的团队。对了，当你组建团队的时候，尤其是那些规模较大的团队，一定要考虑到可能出现的动荡。当前进行的一切都包含着很大的不确定性，每个人所面临的任务规模不确定，组织变革的方向也可能随时发生变化。如果处理不当，这种不确定性会进而恶化为一种怀疑，大家开始对组织变革的愿景产生怀疑，“或许它过于宏伟了”，“或许根本不适合我们的部门”。

听到大家已经对组织变革产生疑虑之后，唐紧急召集200名核心成员举行了一次会议。他拿出了当初自己在利盟（Lexmark）国际有限公司制作的一张又一张流程图。其中包括了他们在客户关系管理方面采取的变革措施，以及他们在提供内部服务（如人力资源管理）方面进行的改革。听了他的讲述之后，我们很快意识到，和他们当初所面对的困难相比，我们当前的任务其实相当简单。

接着，他用录像带进一步打动我们。在利盟公司，他们曾经拍摄过变革发生前后对比的录像带。在进行变革之前，人们基本上是信心的传达和接受者。变革之后，他们都成了客户关系经理。他们已经拥有了必要的信心和技能，来通过电话提供产品承诺和配送信息。他们自己就可以直接处理服务方面的问题。提供服务的水平和服务提供者本身，都发生了巨大变化。他们还拍摄了变革之前人们如何谈论未来的愿景和希望，而且他们的这种热情在整个变革过程中一直保持了下来。

所看到的这一切都使我们深信不疑。唐以前的经历像一剂强心药，给我们注入了强大的自信心。在会议结束之后，人们又开始斗志昂扬。“如果利盟公司能把合同终结期从一个月缩短为三天，或许我们也能够将我们发布打猎许可（垂钓许可或任何其他形式的许可）的时间，从两个月缩短为六天。这并不是不可能完成的任务。唐能做到这一点，利盟公司成功了；为什么我们不能呢?”

但这还只是开始。它显得有些艰难，但毕竟，我们启动了，不是吗? 我出席了与仓库管理人员的一次会议，并成功地说服了他们。仓库管理人员分成了新旧两派。有的员工刚加盟不足两年，有的员工则已经在这儿有近30年的工作历史。这两种人水火不容。年轻人已经完全接受了我们的愿景，他们相信我们需要将当前的一切拆除，重新开始。我们需要进行一次大清理，关闭旧仓库，在他们看来，变革是一件非常美妙的事情。而在那些已经在公司工作了30年，并把自己的生命和整个组织融为一体的人看来，这完全是个糟糕的建议，他们会说：“去死吧”。会场的气氛达到了白热化，情况正变得越来越糟。

负责主持此次会议的那位年轻的顾问（也是团队的一名成员）见势不妙，赶忙溜出了房间（估计这是他职业生涯中最聪明的一件事）。他找到了唐。接着唐就来到了会议室，紧张的形势也随之有了轻微的舒缓。他说道，“我们必须彻底改变这个流程”——所有的年轻人都表示同意——“但这并不意味着要关闭我们的 22 家仓库。我们绝不能解雇 6 000 名工人。必须找到另外的解决途径。”即便如此，那些老家伙们还是不满意，唐又说道，“在利盟公司，经过重组之后，我们大大降低了运作资本，同时我们还降低了库存量。但我们并没有关闭仓库；我们只是降低了运输成本。比如说，我们要求汽车零件供应商能够更加及时地向我们发货，从而我们就可以把库存降低到最低限度。我们在仓库中腾出了很多空间，但我们并没有关闭它们。我们没有解雇很多人，但我们的确节约了很大一笔开支。你们也可以做到这一点。”听了这番话之后，大家的怒火开始渐渐平息下来。但我所说的没有一句话能够起到任何的帮助。我以前从来没经历过这种事情，而他则有过这种经历。

需要提醒的是，你并不是第一个遇到这种情况的人，其他很多人都曾经经历过这种情况。知道了这一点之后，你就会变得更有信心。即使对于那些已经对总体愿景产生认同的人来说，了解别人的类似经历，也可以帮助你更加坚定自己的信心。使你再也不会产生类似“这绝对行不通”，或“除非我死在这个过程中，否则绝对不可能”的念头。当你看到别人能够生存下来的时候，你的信心会大大增强。

所以，你如果经历过一定规模的成功变革，就可以让人们知道什么是可能的，并进而建立充分的自信。但我们当时并不具备这个条件。外部的资源给我们带来了希望、经验和信念。无论是出于精心设计，还是机缘巧合，整个组织中总是会有许多外来者，刚开始的时候，这些人可能会给整个组织带来一些不便，但他们所带来的好处，足以抵消这些不便。在我们的组织中，就有很多这样的外来者，比如说，除了唐之外，我们还有来自阿莫科石油公司（Amoco）的艾尔多纳·瓦里山迪（Aldona Valicenti）。帕特里斯·卡罗尔（Patrice Carroll）也是刚刚加入我们的组织。除了外部的咨询人员以外，这些人也给我们带来了一些非常重要的东西。一次又一次地，当形势开始出现动荡，人心开始不稳的时候，他们可以增强组织的稳定性。他们给我们带来了新的信心，并使得整个变革流程始终保持在正确的轨道上。他们是我们的直布罗陀巨石[㊀]——在时时向我们预示着成功的到

㊀ 原文为 Rock of Gibraltar，意指像直布罗陀山一样坚定，可以给人带来心灵安慰。——译者注

来。每个新来者都会带来很多自己的经验和信心——他们使我们相信，这种规模的变革以前曾经发生过，并且一定能取得成功。而他们的视角对我们来说非常重要。

如果对即将进行的变革能否成功缺乏信心，即使已经看到了愿景，你也还是无法采取行动。因为你的感情会成为一个重要的阻碍性因素。

从某个层次上来说，这个故事向我们提供了一种简单而有力的战术。如果你的员工没有经历过成功的大规模变革，你一定要找到一些有过这种经历的人，并经常让他出现在你的组织中——有些咨询人员便是以此为生。当然，这种做法也存在一定的风险，因为如果处理不当，你公司固有的企业文化会使得新来者毫无施展影响的可能。

信誉良好的外界人士会在以下几个方面给你带来帮助。首先，他们能够提供很多数据，“我们发现，在过去的四年中，这 7 个案例中的公司平均节省了 235 000 美元，那些没有变革经验的公司也实现了和其他公司相同的成本节约。”如果应用得当，这有助于树立变革信心。合理的逻辑也能发挥很大的作用。“我们实现成本节约的方法，主要基于某种理论”。让我们总结一下“我生存了下来”的核心内容。人们产生过“动荡”“焦虑”“不适”“愤怒”等心理状态。人们首先的感受是，“变革是不可能的。”通过讲述一些生动的故事和关于实际情况的录像带，人们的这种情绪开始慢慢发生改变。关键的内容相当简单：“这是可能的；你不会在这个过程中陷入困境；最终的结果可能是非常重要的。”结果如何呢？消极的情感开始渐渐消失，积极的一面逐渐得到加强。“看到了别人的经历之后，我们信心大增。”我们得到了“新的能量源泉。”变革阻力逐渐消失，人们随着变革流程的推进不断向前。

消除信息障碍

信息是力量的源泉，信息缺乏会对人们的信心产生一定影响。在“改造你的老板”中就出现了这种问题（缺乏对客户需求情况的了解），在“世界范围内的竞争”（对于实现 50% 的改进缺乏信心）和“我能生存”（对变革成功的可能性缺乏了解）中，都存在着一定的信息缺乏。

信息最有力的形式是关于自身行动的反馈。在很多情况下，我们都没有意识到自己分配时间、与别人互动以及行动的方式。当我们得到来自别人的反馈时，这些信息通常都比较主观，或者是带有一定偏见。所以我们最终很少得到有效的信息，或者即使得到了一些信息，它们也是值得怀疑的。无论是在哪种情况下，它都很难帮助我们实现愿景。

现场拍摄

▶ 里克·西蒙斯（Rick Simmons）提供

很多年来，高级管理层都是走马观花式的视察，他们来到工厂车间，“巡视”一下产品，然后向工厂经理发布一些指示。“解决这个问题。这个不好。不要做这个。”他们从来不会表演，而只会提出哪些方面需要改进。在一次视察中，我们的部门执行官蒂姆告诉大家，在经过新的变革之后，这种视察不会再有了。他认为我们应当“授权”给工人们。只有这样，我们才能不断提高自己。视察的工作绝对不应该由高级管理层来完成，因为他们没有充裕的时间，而且对工厂的情况也缺乏足够的了解。

我们试图完成这个任务，但它却给我们带来了一片混乱。因为，授权意味着参与，所以，我们必须组织工人们参加一定的培训和会议，在六个月中，我们举行了数不清的会议。但人们还是不知道该怎么办。一段时间之后，会议恶化成了更加痛苦的经历。“我们不可能实现这个库存指标，因为存货报表总是有一个月的滞后期，所以，这些报表根本没什么用。”“为什么我们的焊接设备总是出现问题呢？如果能够多买一些设备，这种情况就不会出现了。”“如果公司能够多提供一些指导，我们就不会陷入这种混乱的局面了。”“你意识到我们要在这种无聊的会议上浪费多少时间了吗？”参加会议的人越来越少，而那些来到会议室的人也开始抱怨，“这样到底有什么意义呢？它不会给我们的工作带来任何改进。”就这样，我们最终意识到“是应该采取一些新方法的时候了。”但我们的总体授权愿景还是没有改变。

我们从这些团队中挑选了两名敢于尝试新事物的成员，然后告诉他们，我们希望把他们工作的场面拍成电影。他们表示同意——这并不是什么偷偷摸摸的事。而我们也是希望通过这个过程，对我们当前的工作有更好的理解。蒂姆为我们提供了摄影器材，但这些团队以前从未想过去使用它们。

我们首先开始对一个产品的整个生产流程进行跟踪。这是一个相当漫长的过程。我们把整个过程都拍了下来：从原料进货，到成品下线，以及准备装运。其中有泰隆为焊接水箱做准备的场景，有克劳德进行焊接的画面，还有萨姆对焊接强度进行压力测试的情形。刚开始的时候，我们闹了一些笑话，因为人们一时间都不能适应自己旁边架着一台摄像机，他们的表情和工作方式都很不自然。但经过几次重复之后，他们开始忽视我们的存在。

拍摄整个流程的一个环节大约需要一天的时间，但效果是非常明显的。

当大家坐下来看录像带的时候，我们可以发现，很多人不得不走很远的路才能完成一道工序。我们请被拍摄的团队来观看这盘录像带，他们马上就意识到了这一点，于是大家纷纷开始献计献策，“我们应该重新安排机器的摆放地点，这样就可以减少人们在路上耗费的时间。”他们在录像带上看到了自己，发现每次需要一件新工具的时候，都要去工具储备箱一趟。人们仿佛突然意识到这样做是多么愚蠢，“我们为什么不把自己需要的工具一次拿来，摆放在旁边呢？”“看看我为上一个螺丝要弯多少次腰吧。”“如果我们请人整理一下维修设备，就可以把它们放置在装卸码头，而不用每次都跑到供应室了。如果这样的话，我们的工作效率肯定就会大大提高。”

团队开始提出很多能够使我们的工作更容易、更安全的建议。其中一位团队成员甚至亲自制作了两套木制的机器模型。然后，他用这些模型来说明当前的机器位置，以及我们应如何通过改变不同机器的位置来减少时间浪费，进而提高工作效率。这使我们对应该进行的变革有了更加立体的认识，也帮助我们向其他团队，以及蒂姆带到工厂来的客户和销售人员，解释我们的新理念。值得一提的是，没有人要求这位团队成员这样做，他只是认为这样或许能够对我们有帮助。

在最后结束之前，人们提出的所有这些改进措施，都必须通过一个典型的商业案例练习进行评估，这样可以保证人们在采取新的行动时，能有一定的参照标准。但对于工人们来说，拍摄已经成了一个非常重要的工具。它帮助激发了人们的灵感，许多好的想法由此而生。

直到现在，这些录像带还在发挥着作用。我们把它作为历史资料保存了下来。有了一定的拍摄经验之后，我们的录像带制作也变得越来越专业。现在我们已经为每个环节的运作，准备了数百张的录像带样本，并据此研究出了许多新的改进措施和创意：比如说，在成本节约或安全和质量改进方面。我们可以向新来的员工和参观者们展示这些录像带。这使得人们可以很快对我们有更深的了解，并大大改进了我们与客户之间的关系。而且，可以想象，在展示这些成果的时候，这些团队成员心里该是多么自豪。

我们还对会议室进行了装修，从而使更多的人可以在那里观看录像带，讨论可能的改进措施。现在这间会议室已经成了类似展览厅的地方，也成了大家经常聚会的场所。所有记录工厂变迁的录像资料都被储存在这里。而拍摄这些资料所耗费的成本不及工厂里某些机器成本的 1%。

他们的第一次授权尝试失败了，其原因非常普通：员工被给予了更多的决策权；为了使用这种权力，他们参加了很多会议；但他们对会议的愿景并不明确，而且也没有真正的工具来排除这些真正的障碍。接下来所产生的混乱局面也就不足为奇了。

在第二次尝试中，他们用摄像机对一个小组的工作提供反馈。拍摄的影片打动了每一个人，所以大家的注意力也自然被吸引了过来。他们第一次意识到自己以前没有注意到的东西。这大大提高了他们改进自己工作效率的可能性，也使得大家建立起“我们能够做得更好”的乐观心理。这些情感最终带来了更加有用的变革，比如，木制模型的出现。这些模型可以帮助人们进一步改变自己的行为。当人们看到变革工作进展顺利的时候，他们就会生发出一种自豪感，一个良性循环就这样形成了。

不要试图一次完成所有工作

只有意识到这一点，你才能成功地授权给别人。授权的前提是，你要明白对方遇到的障碍是什么。而且真正的授权应该是，使被授权者在内心深处聚集足够的勇气和自信。

有些人很胆小（或者看起来显得很缺乏自信），是有很多原因的。其中一个最重要的原因就是，他们认为阻碍自己采取行动的力量过于强大——这些力量包括他们的老板，整个的中级管理层，奖励系统，信息系统，观念问题等。所有这些都可能使他们没有信心采取必要的行动，因为综合来看，这些因素的力量非常强大。

但无论形势多么复杂，你都可以用一个简单实用的原则来解决：千万不要试图一次做完所有的工作。

哈罗德和里迪亚

▶ 杰夫·科林斯（Jeff Collins）提供

去年，来自旧金山办公室的两名员工，哈罗德和里迪亚，和我一起（当时我在公司的人力资源部门）讨论了他们部门在一项新产品开发过程中遇到的问题。我们在墙上贴了很多表格。上面有很多问题，比如说，公司的薪酬制度，已经超出了他们的控制能力。所以我们就从表格上把这两项划掉。然后他们从其他的问题中选择了两个。第一个与工程设计团队的领导者们有关，这些人都来自本部门，经常粗鲁地否决许多新的提议。第二个问题就是，缺乏一个对新产品进行大脑风暴的正式流程。

他们从自己的部门召集了10个人（该部门共有20～30人）参加了一次会议。在这次会议上，他们对自己以前的行为进行了检讨，并一致同意停止这种做法。他们并没有试图埋怨自己的老板，而是更多地检讨了自己的过失。他们共同制定了一种能够鼓励大家畅所欲言的机制——虽然这个机制并不比一个建议箱更为复杂，但它确实已经成了一个系统。

当大家回到会议室的时候，这 10 名成员继续把精力集中在解决这两个问题之上。改变自己的风格本身就是一件非常富有挑战性的工作，尤其是对于该团队的四名成员来说，更是如此。其中一些没有参加会议的人对这次会议讨论的结果深表怀疑，有的人干脆对建议系统的提议表示不屑一顾。然而，在接下来的两三个月中，大家一共提出了 10 条新的建议，其中一条还很有希望能够得到切实的执行。就这样，整个变革流程开始启动了。

在我看来，这个简单的故事之所以非常重要，其主要原因就在于，它向我们揭示了变革过程中有哪些行为是绝对不能进行的。首先，他们并没有选择 15 个问题，而是把精力集中到了两个问题之上。这样，在解决问题的过程中，他们就可以做到更加实际，更加有针对性。到目前为止，他们的这种做法已经取得了非常良好的效果。他们还在西海岸建立了一种非常不同寻常的新产品开发流程，所有的迹象都表明：这是一次伟大的实践。而且从我们过去 10 年的记录看来，这种做法已经给我们带来了巨大的收益。

STEP 5
步骤 5

善于授权赋能

有效地处理那些可能会阻碍你的行动的障碍，比如说，老板不肯放权，信息缺乏，错误的绩效评估和奖励系统，以及缺乏自信心等。

行得通的方式

- 找到一些有变革经历的人，他们可以提高人们的自信心。
- 建立适当的奖励系统，鼓励和提高人们的乐观心理，进而在他们心目中建立必要的自信。
- 收集那些能够帮助人们做出更好表现，而且与愿景相关的反馈。
- 通过调换工作岗位的方式（从而让他们意识到进行变革的必要性）来“改变”那些消极的经理。

行不通的方式

- 忽视（或试图绕过）那些不肯赋予下属权力的老板。

- 通过解除其权力，并将工作移交给下属的方式来解决老板问题（这样会使他们感到恐惧或发疯）。
- 试图一次清除所有的障碍。
- 在悲观和恐惧面前放弃努力。

需要记住的故事

- 改造你的老板
- 世界范围内的竞争
- 我能生存，你也可以
- 现在拍摄
- 哈罗德和里迪亚

步骤 6

积累短期胜利

THE HEART OF CHANGE

在成功的大规模变革中，得到授权的人会创造出一些短期的成效，这会使人们对组织的变革努力产生更强的信念，也是对那些付出努力的人一种情感上的回报，能够使批评者们暂时缄口不言，并进一步鼓舞整个团队的士气。如果别人不能看到自己的努力取得了及时、有效、无可辩驳，而且很有意义的成果，他们的信念就有可能发生动摇，而整个组织的变革工作也可能会因此而陷入僵局。

短期成效的本质和功能

乔治是一名电子商务概念的狂热拥护者。他带领着一个数十人组成的团队，攻克过各种各样的项目难关，而且他的大部分属下也都对这些项目充满热情。从他的角度看来，整个流程都非常刺激，有时甚至非常可怕，但乔治始终对此异常热衷，从未感到过厌倦。在努力耕耘了 12 个月之后，他相信所有的工作都已经上了轨道，而且就当时的情况而言，他们取得的成就已经可以说是“空前绝后”了。但与此同时，其他一些不那么充满热情的人，也开始对他的提议提出越来越多的问题。“是的，这非常重要，但为什么我们要进行这项工作呢？”“不错，这个也很有趣，但就我们目前的工作领域而言，电子商务纯粹是一种干扰。”“对，电子商务是一个发展趋势，但我们两年前就进行过尝试，结果不是也归于失败了吗？”

处理这些问题是一件相当恼人的工作，它要占去很多时间和精力，最终甚至可能使你发疯。每次乔治认为自己已经通过辩论，消除了人们心中的疑虑时，总是会有人再次将其提起，而且这种反对的呼声几乎是一浪高过一浪。“你当前所进行的项目很有意义，不过我真的担心……”他一再重申自己的项目，但最终却发现，有些人只是把心思停留在口头讨论，而不是要实际解决问题上。随着时间的推移，他越来越清楚地意识到，这些人可能带来的潜在危害。在他心目中，这些人就像是穴居生物，迟早会毁掉整个组织，甚至是使其烟消云散。他决定不再让自己的手下听到这种反对的声音，于是把那些反对者们调换到新的工作岗位上去。但到最后，主要的支持者们也开始退却，而整个项目似乎也将要被反对者完全推翻。一项重要而富有希望的计划似乎瞬间就成了过眼烟云。

和乔治相同，凯利也拥有一年的预算，来进行电子商务项目，但她的电子商务概念却和乔治有着巨大的差别。在经过 12 个月的努力工作之后，她所领导的团队似乎并没有取得乔治团队那样辉煌的成就，开展的项目少，而取得的成就也比较小。她的小组甚至不能用足够吸引人的语言填写一份报告，或在一次会议上发言。但凯利的团队一直在维护着自己的网站，在为一群规模不大，但定位相当准确的客户群体提供着服务。他们每天都会收到客户发来的鼓舞人心的反馈。就这样，团队内部的激情和来自其他团队的外部支持与日俱增。时间一天天过去，乔治渐渐陷入危机，而凯利却一步步走向成功。乔治始终不明白为什么会发生这种情况，他不能相信凯利是否真的有如此好运，而且是否她的短期前景预示着自己的公司已经陷入了危机。

乔治是一个聪明而具有献身精神的人，但他始终搞不懂眼前发生的一切。

在成功的组织变革中，一个得到授权的领导小组非常懂得合理分配时间。他们首先会把时间和精力集中在一些能够快速取得确定性成功的领域。这些短期的成效非常必要，主要有以下四个方面的作用：

1. 可以为变革领导者提供必要的反馈，从而使他们对自己制定的愿景和战略，有更为明确的认识。

2. 可以使那些辛勤工作的人得到一点鼓励，在情感上得到一些安慰。

3. 能够使人们对自己当前的工作产生充分的信心，并给那些还没有积极参与到工作中的人一些鼓励。

4. 能够使那些持批评态度的人改变自己的看法。

如果没有这些短期成效，大规模的变革很难取得成功，因为无论变革愿景多么明智，变革对一个组织来说是多么必要，反对派都可能会在变革的过程中夺走你的权力。但有了这些短期成效，情况就会大大改观：乐观的情绪会渐渐增长，整个组织都会变得更加有活力，而且人们对变革的信念也会越来越坚定。

专注的必要性

根据大规模变革本身的特点，在进行变革的过程中往往会牵涉大量烦琐的工作。在那些具有一定规模的组织中，一次彻底的组织变革可能会涉及数百个项目。当人们开始有紧迫感，并得到授权，可以采取行动的时候，他们就可以轻松地开展工作。反之，如果缺乏必要的专注精神，你可能需要两年的时间，才会取得第一个确定性的成果。但对于一个大规模的组织来说，没有人能等得上两年。

公告牌上的重点事项表

▶ 罗斯·考（Ross Kao）提供

据我们所知，当一个组织为了矫正自己的方向，而不得不同时启动多个项目的时候，那些领导变革的人就很容易同时启动过多的项目。每个人都会列出长长的一串项目名称，但在这种情况下，一个可能的危险就是，你无法以足够快的速度完成任何一个项目。这就会带来很多问题。它会导致组织内部的挫折情绪。人们开始怀疑你所指的方向是否正确——而且即使方向正确，他们也会怀疑你的方法是否存在问题。

为了避免这种情况，我们创造了一种被称为“四项要务”的东西。首先，我们必须知道哪些工作是比较重要的。当然，在这个过程中，我们可以一口气列出20个项目，但我们并没有这样做。相反，我们只是公开地提出了四项愿景。我们在告诉整个组织，“这是我们要全力以赴去完成的四个主要任务。在完成这四项任务之前，我们暂时不考虑其他任何项目。”

然后，我们正式公布这四项愿景。在每个工作地点，我们都挂了一些大大的公告牌，每个人都可以经常看到它们。在一家工厂里，这些公告牌被挂到了小卖部里。它很快成了一个标志性的口号，“看啊！我们必须采取行动了！我们必须完成任务。猜猜结果如何？每个人都在看！我们达到目的了。看啊！我们刚刚在项目单后面又添加了一项任务。顺便说一句，新的任务会在两周之内完成。”看到这些公告牌的人则会说，“你知道吗？我们正在向着自己的愿景前进。”

记得有一次，我站在一家工厂里的“四大要务”牌旁边。有一人从旁边经过，看到了这块牌子，半分钟之后，他突然对我说，“我们一定要完成这些任务。”人们都知道这一点。他们感到了一股能量。

就这样，人们开始在整个组织内部传扬，有人不禁怀疑，“你是说我一直在做的东西不重要吗?”我们的答案是，“我们并不是这个意思。我们只是说，你的工作并不是我们当前的工作重点，就目前的情况来看，我们需要以足够快的速度，来取得一些阶段性成效，只有这样，我们才能保证人们会有足够的信心和参与感，来集中精力完成当前的主要任务。”

对于一个曾经经历过挫折的组织来说，快速取得一些短期成效，对建立团队士气是非常重要的。

把工作重点缩小为四大要务，意味着我们工作的时候更加专注。而一旦把精力集中在更少的项目之上，你就可以在更短的时间里取得更多的成就。这自然就会在人们心目中，建立一种成就感和乐观心理。在这种情况下，人们的行为就会发生变化。那些一直辛勤工作的人则会因此受到更大的鼓舞。而那些悲观主义者，或者持袖手旁观态度的人，则会开始行动起来。这样，整个团队的士气就会建立起来。

在很多企业中，公告牌都没有得到很好的利用。比如说，有些企业把它们放在没人看到的地方。而有的企业则会同时把 50 张纸贴在上面。有的会在上面贴很多广告性的口号（“我们立志要实现愿景！”），有的只是在上面做出一些模糊的陈述（“我们正在取得进步”）。在我们上面谈到的案例中，避免了所有这一切错误。

明白、确定而有意义的成效

并非所有的成效都可以起到同样的作用。一般来说，取得的成效越明显，它的说服作用就越大，最终就越能够帮助推进整个变革进程。同样，取得的成效越确定，它所起到的推进作用也就越大。因为成效越明确，人们就越容易对自己工作的意义产生坚定的信心，从而怀疑者的力量就会大大削弱。取得的成果与人们的切身利益越是相关，它们对整个变革流程的推动作用就越大。那些为人们所重视的成就，可以在一个更深的层面上将人们结合起来——而这将最终改变那些一般情况下很难改变的行为。

建立新式海军

▶ 海军少将约翰·乔图谢克（John Jotushek）提供

自 1915 年来，美国海军一直都依赖于自己的海军后备军。这股储备力量主要由平民组成，其中很多人都是退伍军人。他们通常都是在周末进行训练，每年与常规海军举行两个星期的联合训练。其主要目的是应付战争的需要，或者作为国家出现紧急情况时的后备力量。

在很长一段时间里，常规军和后备军都是被分开管理的。现在，随着苏联的解体，战争爆发的可能性大大降低，而我们对海军设置问题的观点也发生了巨大的变化。常备海军的人数必须减少，这就意味着海军对后备军的依赖性将变得越来越强。我们不能再继续承受不必要的资源浪费。考虑到以上因素，我们为海军和海军后备军制订了一个新的目标计划，并创造了一种新的结构，这样就可以将两者以前的组织管理力量结合起来。但无论从管理的角度，还是从文化的角度来看，这都将是一个巨大的挑战。

很多年以来（事实上，直到1991年的“沙漠风暴”行动前），后备军成员都被常备军中的某些人称之为“只不过是后备军”。他们只有在必要的时候才被召集起来，作为常备军的补充。而常备军则将自己看成是真正在维护战舰，并随时准备为了祖国的利益而奋战的人。后备军们被看成是一股“一直处于等待状态的力量”。在很多情况下，常备军都会要求后备军配合工作，但却对这些“兼职”士兵密切关注，生怕他们出了什么差错。在有些情况下，人们普遍形成了一种对后备军的不信任态度，认为他们既没有真正的权威，也没有真正的责任。然而，随着过去10年中常规军数量的急剧减少，自然会有更多的责任转移到后备军身上，而且让一些常规军感到吃惊的是，后备军在完成这些任务时，都取得了出人意料的成功。但即便如此，在冷战结束之后，对后备军的传统的歧视观念依然没有得到改变。这些观念使得整合两个组织的工作变得异常艰巨。

在试图改变这种观念的过程中，我们不得不努力制造一些证据，来证明常规军和后备军之间进行互助，并最终融合为一支军队的必要性。为了形成这些证据，我们开始就一些能够实现，而且非常有意义的目标展开讨论。

我还记得，在一次讨论过程中，一位指挥官建议，我们应该为预备役军官学校制定一份新的课程表，这样就可以使常规军和后备军相互增进了解。新的课程表应该主要体现常规军和后备军的相互认同感——这件工作并不难完成。而且这一目标的实现，必将对我们以后的工作产生深远影响。所以，大多数人最终肯定了制定一份新课程表的意义，相信这种做法最终必然能够坚定大家培养新一代海军的信念。但也有人表示了怀疑，“如果我已经是名常规军——或者说后备军——新的课程表对我有什么意义呢？它难道真的能改变我吗？它真的能够帮助我们改变数十万名常规军和后备军军官吗？是的，我同意我们应该制定一份新的课程表，但我怀疑它是否真的能够帮助我们在短期内取得明显的成效。”

这段发言使得大家再度陷入了沉思，而且我们也逐渐意识到，清楚地定义一些短期目标的重要性。为了获得实际的支持，我们需要一些明显而有意义的短期成效来说明问题。所以我们必须认真检查当前的客观形势，看看在短期内到底可以举行哪些活动，接着我们会指出哪些活动满足我们的标准，然后制定一张时间表，来保证我们在相对较短的时间段内，能够不断取得一些小的成功。

比如说，要将两支军队统一为一股力量，我们就需要在培养后备人员时，把标准向常规军的标准靠拢。但这无疑是一个漫长、枯燥而极耗人力的过程——而且它还未必能够在限定的时间段内产生必要的效果。比如说，如果要找到一位拥有公关技能并熟练掌握韩国语的后备军官，或者是一位在信息安全领域有着丰富经验的专家，你可能需要通过口口相传的方式。可以想象，对两个非常庞大而截然不同的组织来说，这该是一件多么艰难的任务啊。

有鉴于此，我们决定把海军后备军的民用和军事技能总结到一个有用、互动、灵活、基于网络的数据库中去。这就使得得到授权的海军人员，可以很快地搜索到掌握所需技能的人员。当然，在这个过程中，我们还会考虑一些个人隐私方面的要求。这将是一件对很多人都非常有意义的工作。它并不需要太高的成本，而且实施起来也很容易，因为我们可以直接采用一些已经得到国防部开发、资助或者是已经由其他国防部机关在使用的人才资料系统。

后备军人，在使用密码保护之后，可以直接张贴和更新自己的受教育程度和技能（其中包括语言和设备的掌握程度），以及个人联络信息。得到授权的海军常规军则可以直接进入网站，然后将自己的请求信息输入进去。他们可以通过在线方式浏览一些描述技能、经验和人员资格的报告——但却无法看到这些人的姓名和联络信息。然后常规军人员就可以通过电子邮件的方式联系我们在新奥尔良州的海军后备军指挥中心，并通过他们联络到掌握所需技能的后备军人。当然，该系统还远没有达到完美的程度，但它的确给了很多人非常大的帮助。

通过这些方式，我们逐渐取得了一些成功，而我们的成功也帮助后备军人和常规军人相信自己正在取得成功。在不到30天的时间里，我收到了来自负责太平洋、地中海和北大西洋舰队的常规海军少将们，以及来自地中海海军空军部队少将的信息，他们都对我们的措施表示了认可。逐渐地，我们开始让我们的军官和士兵们相信，我们正在变成一支统一的力量。我们在让他们相信：建立一支统一的海军部队的愿景不仅是可以实现的，而且也是我们正在切实执行的。

参与过成功的大规模变革的人，会非常理解那些明显、有意义而且非常确定的成效的力量。否则，很难体会到这种成效的意义所在。通常，我们只是制造了一些只有自己能看到的成效，但却并没有引起其他人的注意或认可（至少没有和我们在同一程度上注意和认可）。在访问日本分公司的时候，我们看到了该公司在癌症药物研制方面已经取得了非常重大的突破。我们断定这是一项了不起的技术突破，并为此而深感自豪。在读了该公司的报告之后，我们在新泽西州的同事也感到非常激动，但由于并没有目睹该药物的力量，没有和研究人员进行面对面的交流，没有感受到日本分公司那种让人心潮澎湃的气氛，所以他们激动的程度根本无法和我们相比。在很多情况下，我们都只是创造出一些只对自己有意义的成效，但在其他人心目中，它们可能并非那么有意义。我们都对抗癌药有着非常强烈的感情，虽然新泽西州的主要研究人员也在某种程度上怀有这种感情，但他们更为关注的是抗过敏药物的研究。所以，当我们为日本公司的胜利而欢欣不已时，在新泽西州的许多同事并不这么感觉。“哦，不错，”他们以一种非常理性的口吻说道，“这个突破非常重要。”但他们并不很想去理解这一突破的发展流程。他们的行为也没有发生任何改变。而问题也就在于此。

在“新式海军”中，有些人也试图通过采取一些措施，来避免这种问题。他们采取的手段主要包括：①澄清短期成效的标准；②根据这些标准选择一些能够给人们带来信心的短期成效。教育项目也是非常有帮助的，但根本无法与资源搜索系统相比，因为相比较而言，后者会更加明显，而且通常也比教育项目更加为人们看重。课程改革的结果可以通过某种方式衡量出来，但网站提供的则是一些更加容易衡量的成效。

选择第一个目标

在进行大规模变革的过程中，项目的顺序通常也会起到非常重要的作用。你可以以一种非常理性的方式选择第一个目标，但它却可能无法带来足够快的成效，以鼓舞你的团队士气。比如说，你的目标是实现公司的全球化。其中一个似乎比较理性的选择就是，在市场全球化之前实现生产环节的全球化。在做出这一选择之后，你的下一步行动就是在法兰克福建立一家工厂。但这可能需要花两年时间，投入上亿资金，然后，你还要用一年的时间去衡量公司是否能够管理它在法兰克福设立的第一家工厂。而在这段时间里，你很难取得任何明显、确定而且非常有意义的成效。从某种意义上来说，一个不是那么明显，但却非常有效的选择，就是先把产品销售出去，然后再制造它。比如说，你可以首先制订一份营销计划。然后用产自芝加哥的产品，以最低的成本实施该计划。这样，你就可以在不到一年的时间内取得第一个明显的成功。

在选择第一个目标的过程中，必须满足一些最基本的标准，也就是说，你所选择的项目必须能够很快地带来一些明显、确定而且非常有意义的成效。除此之外，那些相对容易的选择通常也比较有吸引力——在法兰克福设立一个办事处总比建立一家工厂便宜得多，而且也快得多。我们通常把那些最容易实现的项目称为“挂得最低的水果”。在摘取那些不大明显的水果时，还有一种方法，虽然很多人可能都想不到它，但它的作用却是非常明显的，这种方法就是：如果你需要某个非常有力的人或小组的帮助，你首先应该集中精力争取他 / 他们的支持。

货车运输公司的参议员老板

▶ 让·宾汉姆（Ron Bingham）提供

我们的一位州参议员拥有一家货车运输公司。这是一位非常重要的人物，他的帮助对我们的变革工作具有非常重要的意义。在我看来，为了帮助整个变革团队建立士气，我们应该为货车运输公司做点什么。

为了了解这位参议员的需要，我去和他进行了一次交谈，言谈之中，我发现他当前最大的一块心病就是一些表格：州政府每年都要他填写15页表格，其中一些表格的长度简直让人吃惊。“你知道这要花掉我多少时间和精力吗？”他的一位秘书找了半天，最后终于找到了这些表格。“你看看！”他说道。他虽然没有把它们摔到我脸上，但我想，他确实恨透了我们。

我看了看这些表格，它们给人的第一感觉就是非常严重的官僚气息。“同样的信息被一而再，再而三地提问。”参议员的口气非常平和，但我相信，他此刻心里一定恨不得找个人掐死。“在填写这些表格的过程中，我经常得要三四个人来帮忙。”这可以想象。“我们希望运营一家拥有自己的客户，能够提供产品的公司。填写这些不必要的表格简直是一种巨大的浪费。”

在这次谈话之后，我与变革领导团队中的交通部人员进行了一次交流。他们一直都在试图争取该部的一些高层领导的支持。你看，在政府部门里——至少是在一些比较传统的政府部门中——人们常常会抱有一种“耗死你”的心理。因为在大多数情况下，如果在很长的一段时间内都没有得到批准，你的项目就很可能随着政府方面的人事调整，而最终归于流产。我们团队中那些负责交通事务的人就遇到了这种问题，所以他们希望我能就此事给出一些建议。在和他们进行交谈的过程中，我向其转述了参议员的观点。我说，“你们首先需要解决这些表格的问题。”他们并没有立刻表示同意。相反，他们的反应是，“天啊，让，现在重要的事多着呢，可你却要我们首先把精力集中在这些无关紧要的表格上面。这可不是我们想要实现的变革愿景。”我对这些人非常了解。他们精力充沛，干劲十足，仿佛要改变整个世界。但由于没有得到像参议员这样的主要人物的支持，到目前为止，他们还没有取得任何有意义的成就。我向他们解释，只有首先解决了这一问题，他们才能得到参议员的支持，并进而实现真正的愿景。所以，尽管很不情愿，他们还是按照我的建议开展工作。修改表格大约用掉了一个月时间。他们干得棒极了。

那些认为“我们根本对政府无能为力，它天生就是一团糟”的人应该从中吸取到一点教训。要实现这样一个愿景——少一些官僚气，多一些效率，而且能够为公众提供更好的服务，并不是不可能的。我们交通部门的人员就在短短一个月时间里，把表格从15页减少到了1页。而且他们并没有因此而丢掉任何关键信息，也没有破坏任何必要的政府功能。实现这种变革并不是一件困难的事，但政府内外的许多人，通常都会在想象中夸大其难度。而且如果你自己不相信这种变革可行，你就根本不会浪费时间和资源，去帮助那些准备实施这种变革的人。

当一切结束之后，我把成果拿给参议员看。"天哪，你们的确取得了一些成就。"他说道。在此之前，他也曾听过我们正在做的事情，但当时一切还都没有落实。现在，他可以清楚地看到我们的劳动成果。而且由于我们的工作的确给他带来了便利，所以这件事也给他留下了非常深刻的印象。从此以后，这位参议员就成了我们最有力的支持者之一。

在取得一些短期成效之后，人们开始对我们和我们的工作产生信任，并进而给予了一定的支持。以往的那些抵制情绪开始渐渐消退，这些都要归功于我们所取得的一个又一个的短期成功——它们使人们不必等三年，才发现我们工作的意义。

在选择第一个目标的过程中，"参议员"中所使用的一个主要标准就是，尽快向一位有权力的人提供帮助。

这种帮助可以改变一个人对于变革工作的感觉，并最终赢得他 / 她的支持。而且如果你帮助的人拥有一定权力的话，你的努力就会带来更多后续性的成效。

在处理一些比较复杂的项目时，如果能够灵活应用这一原则，你在启动项目的过程中就可以有一个更高的起点。当然，和其他方式相比，这种方法有时显得不那么直接“有效”，但如果司机本人消极怠工的话，汽车再好又有什么用呢？

如果我们不能……

在有些情况下，任何因素都可能影响我们以足够快的速度，取得一些足够有力的成效。如何解决这个问题非常重要。当你的团队没有取得足够有力的成效时，你通常可能会想要夸张一下自己的实际成果——这是一个非常大的诱惑。你会说，我绝不撒谎，是的，撒谎是不对的，但有时我们需要尽可能以正面积极的方式，来表现自己目前已经取得的成果，不是吗？

夸张

▶ 戴夫·巴里索（Dave Pariseau）提供

我们一直都在致力于将一种新型的 IT 系统和新的工

作方式引入到我们主要的运作部门中。这是我们工作所遇到的最大的挑战之一，而且它有时也给我们带来了很大的痛苦。在经历了24个月的艰苦工作之后，我们这项工作的意义仍然没有得到大多数人的认可。常言道，不劳无获，但到目前为止，大多数感觉到的仍只是“劳”，而没有“获”。甚至高级管理层都没有意识到，我们当前的工作能够给公司带来什么经济上的回报。这就使那些领导变革的人面临着很大的压力，他们必须尽快拿出一些看得到、摸得着的成绩，来向人们证明我们当前工作的意义。

在明确了这一点之后，核心项目团队开始向公司里的所有人，发送一份被称之为“每周信息”的电子邮件。在这封电子邮件中，项目团队成员向大家描述了当前项目的进展情况。我还记得有一封邮件这样说，“我们已经完成了预定目标的90%，几乎所有的员工都接受过专门培训，而且他们正准备随时投入到工作中去。”有很多员工都不同意这个统计数字，那些正准备使用新系统的人，以及那些已经就如何使用新软件接受过专门培训的人，几乎都宣称自己不知道该如何利用新系统开展工作。许多从事实地工作的项目团队，还有那些比核心团队更接近实际工作的人都对这一统计表示了怀疑。

我们所收到的所有信息几乎都是完全相同的。随着时间一天天地过去，情况变得越来越糟。每周信息的信用度急剧下降。其中有一条信息竟然宣称，在使用了新系统之后，我们的一个部门已经将工作效率提高了500%！在很多人看来，这就好像宣称我们已经赢得了第三次世界大战那样可笑。但我清楚地记得，我与那些“已经将工作效率提高了500%”的部门成员进行交流的时候，听到的只有抱怨。

这样的例子可谓不胜枚举。实际情况是，人们发现自己越来越难以适应新的软件系统。每当读到这些信息时，他们都会想，“这简直是个噩梦。我们并没有赢得第三次世界大战，相反，我感觉我们正在走下坡路！可看看这些家伙都在说些什么？”

我们都知道，一旦人们发现你在某一点上说了假话，他们就很难相信你所传达的其他任何信息。“每周信息”也遇到了这种情况，由于在某些方面进行了过度的夸张，它的信用度大大降低，而它传达的其他所有信息也都不再为人们所信任。如果你现在让我回忆，自己当初曾经相信过它传达的哪一条信息，我的答案恐怕是“没有”——尽管在过去的三年里，我一直在试图使自己相信这次变革是成功的。

或许这正是我们的企业文化。我们似乎更愿意向人们传达一些充满“阳光和玫瑰”的信息。我们的原则似乎是：千万不要撒谎，但你一定要对自己发送的信息保持乐观态度。但实际情况是，当没有取得值得夸耀的成果时，我们就会担心自己可能会受到来自某方面的批评。所以我们就会对事实进行一定的夸张，最终使我们彻底失去人们的信任（即使我们传达的信息是真实的）。

现在我终于明白，任何形式的夸张都是要不得的！

根据这段陈述，我们不清楚，为什么该公司没有取得一些短期成效。或许是因为他们根本没有对自己的任务给予充分的重视。或是因为变革过程中的一些早期步骤没有很好地完成。无论如何，当他们发现自己可能会受到指责时，他们就会很容易采取这样一种措施——夸大事实。在这个过程中，他们很可能并没有刻意地去撒谎。也可能并没有清楚地理解，为什么这些短期成效必须是确定无疑的。但不管是出于什么原因，他们这种行为所导致的结果都是灾难性的。一旦失去了信用，即使真实的信息也会被怀疑为谎言。

那么，如何解决“夸张”的问题呢？一个最好的方案就是，永远不要使自己陷入那种迫使你进行夸张的境地。对本章（甚至整本书）所讨论的问题理解得越透彻，你就越可能避免这种错误。还有一种退而求其次的解决方案，就是永远不要试图通过夸张的方式，来摆脱你当前的困境。与夸大的宣传相比，诚实永远是更好的选择。而要想做到对别人诚实，你首先就不应该欺骗自己。

实际上，在进行组织变革的整个过程中，无论处于哪一步骤，诚实都是你完成该步骤的一个必要前提。

不妨一试

▶ 把那些能够由被授权者解决的项目或任务列到清单上——记住，你的第一原则是在短期内取得一些明显、确定而且非常有意义的成效。

1. 针对清单上的每个条目，你都应该进行如下的评估：

- 什么时候能完成任务？需要多少个月？
- 需要投入多少人力和物力？按照 10 分制的标准进行打分（按照所需投入由少到多的顺序，分值逐渐增加）。
- 这些成效是否非常确定？按照确定性由小到大的顺序打分。
- 这些成效是否有意义？按照同样的原则打分。
- 谁来评判这些成效的意义？这些人的权力有多大？

2. 在完成这些评估之后，你应该怎样选择首要的任务？

- 挑出最为重要的五个。
- 哪个是最为重要的。

STEP 6

步骤 6

积累短期胜利

以足够快的速度取得足够的短期成效，这样就可以给那些能够给变革过程提供帮助的人带来信心，使那些悲观消极分子变得更加积极，消除人们的怀疑心理，并为整个变革工作建立必要的士气。

行得通的方式

- 能够很快实现的早期成效。
- 能够让尽可能多的人看到成效。
- 能够凭借足够的确定性，来打破人们情感防线的成效。
- 能够对其他人有意义的成效——越有意义越好。
- 能够争取到有权力的人的支持的成效。
- 能够以廉价而简便的方式实现的成效，即使它看起来可能并不那么宏大。

行不通的方式

- 一次启动 50 个项目。

- 不能以足够快的速度取得第一个成功。
- 夸大事实。

需要记住的故事

- 公告牌上的重点事项表
- 建立新式海军
- 货车运输公司的参议员老板
- 夸张

步骤 7

促进变革深入

THE HEART OF CHANGE

在取得了第一轮的短期成效之后，变革领导者必须为整个变革领导团队，确立明确的方向和士气。在成功的组织变革中，人们总是会注意鼓舞整个组织的士气，在这个过程中，主要可采取三种手段：

1. 保持整个团队的紧迫感，同时消除他们的盲目自大心理；

2. 清除那些不仅没有必要，而且会降低整个团队士气的工作；

3. 不要过早地宣布团队的成绩。

保持紧迫感

组织变革在这一阶段最普遍的一个问题，就是如何保持紧迫感。在这种情况下，以往的成功已经变成了组织变革的负担。“我们已经赢了。”人们会说，而这种心理又会导致我们在步骤 1 中已经解决的问题死灰复燃。

资本收益率

▶ 伦纳德·谢菲尔（Leonard Schaeffer）提供

由于我们当时正面临倒闭的危险，所以在组织变革刚刚开始的时候，几乎公司里的每个人都受到了很大的激励。随着组织变革的开展，整个组织中都充满了一种兴奋感。在为近期的成功所激励的同时，人们又不得不时刻准备迎接新的挑战。随着组织变革的不断深入，我们将自己与其他类似的保健公司相比较，来保持公司员工的士气。在每个部门中，我们都采用一些维度，来对自己的强势和弱势进行评估。在这个过程中，我的一个主要做法就是，每个月和组织中的所有员工进行一次面谈。我会向人们解释我们进行变革的原因，以及我们所面对的竞争对手。然后是问答部分。当组织扩大到一定规模之后，我们开始把面谈改为电话会议，但内容还是没有改变。

当我们开始在自己的领域占据主导地位时，将自己与其他竞争对手相比较的做法，已经没有什么意义了，因为这种比较只是在一味强调“我们已经遥遥领先竞争对手了”。毕竟，形势对我们非常有利；从某种意义上来说，我们正处于群山之巅。在这种情况下，人们开始怀疑，为什么我们要不断更新自我，不断努力使自己成为一家更加强大的组织。因为有人会说：“但我们已经是行业第一了。”更为糟糕的想法是，“老板为什么不能让我们稍微放松一下呢？”

这些想法都是要不得的。但我又该采取什么措施呢？

首先，我们开始从投资者的角度审视自己。这也就是说，我们开始用自己在投资者心目中所占的投资价值等级，来衡量自己。因为实际情况是：我们不仅要与自己的同行竞争，还要与其他上市公司进行竞争。这已经不仅是关乎我们自己，以及我们如何经营自己的公司的问题了。所以，在衡量自己成功与否时，我们也不能仅仅把目光局限于同行的产品质量和服务水平。我们要意识到，除了保健行业之外，还有很多公司也取得了同样了不起的成就。这些人得到了投资者们更大的关注，并已经从他们那里得到了很多资金。所以，虽然我们可能是自己行业里的龙头老大，但如果其他行业的公司能够创造出比我们更高的资本收益率，那我们的最终愿景还是没有实现。

人们对我们的新衡量标准反应十分有趣。很多人马上又充满了紧迫感。他们开始把很多潜在投资者的流失看成是一种威胁，并开始考虑我们如何才能改进自己当前的处境。而且他们也开始意识到，许多新的公司也正在加入与我们竞争的行列。

当然，还有一些人依然沉浸在以往的成功中，他们会说，“某某公司所从事的是网络软件行业，所以我们两家根本没有可比之处。人们选择投资方式的原因是多种多样的。有的人可能更喜欢在技术领域进行投资，而有的人则更加倾向于投资新兴公司。我们不能盲目地把自己与这些公司进行对比。”或许是出于人的本性，他们可能会说："其他人与我无关，所以我并不需要因此而发动新一轮的变革。"我逐渐意识到，在帮助人们解决这些问题的过程中，你必须不断地与其进行交流，也就是说，你应该尽可能多地和他们交谈。

为了保持整个组织的紧迫感，在很多情况下，你需要一种来自外部的刺激。如果你只知道不断敦促人们，告诉他们应该更加努力，其结果并不会非常理想。因为除非公司遇到新的问题，否则不会有人相信你的"危机论"，你所做的一切也都将只是白费唇舌。增加奖金也无济于事。你必须让他们发自内心地产生一种真正的紧迫感，让他们自己意识到"我们的潜力还没有完全发挥出来。我们需要做的事情还很多，应该更加努力。"

在取得一些短期成效之后，变革领导者们很容易让整个组织中的紧迫感逐步放松。人们通常都倾向于过早地宣布胜利，结果就会导致一种盲目自满心理。在大规模的组织变革中，这是一种非常普遍的心理。

在"资本收益率"中，谢菲尔试图通过改变参照框架的方式，来保持人们的紧迫感。他使用了一种新的比较方式。这种方式的有效性，在很大程度上取决于，其是否能够改变人们对自己所看到的结果的感受。当人们已经对变革感到厌倦的时候，讨论统计数字只会增强他们内心的自满情绪。他们会说，“不错，但是……?”如果他们看到自己的老板，并与其进行面对面的交流，看到他真的坚信新的参照框架，他们的反应可能就会截然不同。如果他们看到一些可信的人——比如说共同基金经理、客户等——也产生了同样的紧迫感，他们的反应也可能不一样。

在步骤 1 中使用的所有方法几乎都可以被应用在这一环节，但前提是你必须对其进行一定的修改。想象一家经历过一轮又一轮变革，并取得巨大成功的公司，他们的大多数员工和经理可能都会说“我们不可能做得更好了。”但实际上，他们甚至没有在很多可以改进的领域，比如说采购领域，进行更大的尝试。在这种情况下，如果有一位暑期实习生对于公司所采购的手套进行了一项小小的调研，那结果将会是怎样的呢?

处理更多的难度更高的变革

在组织变革的早期阶段，你通常会首先解决一些比较简单的问题，因为这样可以树立起人们的信心，并为后期的变革打下坚实基础。不要试图把屋子里的所有家具一下子都拆开，然后搬运到马路对面，那样做不仅没有必要，而且也不现实——因为你没有足够而且合适的搬运工，比如说，当时可能没有人能一次搬起一个重约290公斤的沙发。在成功的变革中，人们总是会移动那些比较轻的对象，比如说墙上挂的画和一些小的装饰品。当这些小的对象被搬运完之后，我们还是会不可避免地遇到沙发的问题。但无论如何，我们的目标是把房间里的所有东西搬走，摆放在适当的位置，并将其拼合完整。如果在这个过程中，人们忘记了一些与新的房间根本毫不相关的东西，那可能并不会引发什么问题。但如果忘记的是冰箱呢？那问题可就大了。如果我们把烤箱放错了位置，那就会给自己带来很大的麻烦。如果把烤箱放到阁楼上的话，我们的麻烦就更大了。

为了将变革继续进行下去，你需要有一定的勇气和毅力。同时，你要进行一定的结构调整，这样人们就会敢于承受风险，去处理那些困难的官僚和政治问题（而不用担心是否会因此而丢掉性命）。你也可以授予人们更大的权力，这样他们就可以处理那些最难解决的问题。权力在这里不仅意味着权威，它还包括时间、资源和渠道。

恐惧商人

▶ 菲尔·诺兰（Phil Nolan）、史蒂夫·费泽斯通（Steve Featherstone）提供

我们公司的投资规划记录可谓一塌糊涂。而且由于

这种情况已经持续了很长时间，所以，它已经深入到公司的企业文化中。虽然我们已经在很多领域进行了深入的变革，但还是遗漏了一些方面。而且在我们看来，如果这些问题得不到及时解决，我们的组织变革就不能算取得了真正的成功。有人为此寻找托词，“投资规划是一个跨部门的行为，各部门之间的协作态度是一个很大的问题。”“除非拥有这项预算和这些项目，否则，我根本不可能完成自己的工作。”事实并非如此，但如果发表这番言论的是一位极有权势的人物，而且还有很多人持有同样的观点，那还会有谁愿意去解决这个问题呢？在一个“一言堂”的组织中，人们通常很难有动力去寻找一种更好的工作方式或者是协作方式。

这就是我们的“行动试验室”所遇到的问题。行动试验室是一些跨公司的项目小组，他们的主要工作是完成一些比较特殊的任务，所以也被授予了一些比较特殊的权力。一个行动试验室的成员可能全职工作长达几个月，所以他们的工作压力相当大，他们可以和任何人直接交谈，可以做任何自己想做的事情，也可以随心所欲地采取任何行动（只需遵守很少的行动规范）。他们通常会具有很强的协作性。所以来自一个部门的人会很快了解另外一个部门的工作。而且他们彼此之间也非常坦诚，作为一个团队，他们在采取行动的时候要比单独的个人更为大胆。在得到我们的鼓励之后，他们会以让人惊讶的速度发现问题，并积极寻找出相应的解决方案——在正常情况下，这是不可能的。我们给予他们特殊许可，这样，他们在解决问题的时候，就会变得更加富有创造性——在有些情况下，这种创造性所带来的结果是惊人的。

为了解决投资规划的问题，我们专门设立了一个这样的试验室。8 位员工被调离了自己原来的工作岗位，准备在六个星期的时间里，全身心地投入到新的工作中。他们开始访问 CEO 和公司的执行团队、公司各部门的主管、主管的一线下属、那些负责规划预算和进行分析的人，甚至包括那些负责录入和调整数字的员工。

投资规划小组的工作之一，就是录制一段人们制定预算过程的录像。这是一种很好的方式，因为它可以以一种非常幽默的方式，传达一些非常严肃的信息。录像带里是一场短剧，其中的角色包括恐惧商人、虚荣猎手和人民保护者。所有这些都是对公司内部现有行为的一种讽刺性表现，但它们的确直接命中了问题的要害。

恐惧商人会通过消除人们的恐惧，来增加自己的预算。他会说，“我们最好在预算里留下一些准备金，这样可以起到预防的作用。”恐惧商人至少会有 10 个理由，来说明自己为什么需要这么多钱。“我们需要一定的预算来完成这五项工作。实际上，在我看来，我们最好多做一些储备，因为这样可以应付意外情况的发生。说实话，我认为我们还是要多准备一些预算。”实际情况是，两个预算项目就已经足够了，但他并不关心这一点。如果需要的话，他随时都可以告诉我们，为什么我们还需要增加更多的预算。

虚荣猎手采用的则是另外一种策略，他会通过一些令人心动的美好前景，来打动高级管理层。他会以一个刚刚启动的咨询项目，或者是CEO领导的关键任务小组为切入点。比如说，有的领导比较喜欢技术，因为他希望能够通过引进一项新的技术，使自己在公司的历史上留下一页。在这种情况下，他所关心的并不是公司的利益，而是如何能够制定一份看起来不错的预算。

与以往两种人不同的是，人民保护者既不觊求荣耀，也不愿意给人们带来不必要的恐惧。他的唯一目标就是确保每个人都有足够的工作。如果这份工作他们的能力能够适合，或者他们的个人特长能接近要求，那就万事大吉。在制定预算的时候，人民保护者根本不会考虑公司的实际需求，他们会考虑，“如果要保证我们的200名员工，能够在今后的8个月里有足够的工作，我应该启动多少个项目呢？”然后他就会据此制定自己的预算。

这盘录像带的观众，主要是公司的二三十名主要执行人员——其中的角色所影射的也正是这些人。你可以想象一下大家的反应！每个人都感到非常震惊。几乎所有人都在猜测那些角色具体指的是哪些人。有人甚至问道，“那个人就是我吗？”我们以前从来没做过这样的事情，甚至根本没有考虑过。但在行动实验室和 CEO 的支持下，现在我们做到了。

我想，高级管理层的领导们一定恨透了这盘录像带。但它的确产生了一定的作用。录像带里的角色甚至开始成为人们日常工作中的指代词。“注意了，我们现在好像是在进行一场恐惧商人式的谈话。”一段时间以后，传统的规划方式渐渐消失了，取而代之的是一种新的、以股东利益为导向的预算规划方式。

我们发现，并非所有人都能够适应行动实验室的工作方式。这是一个非常严重的问题，因为你不能强迫人们接受自己不喜欢的工作环境。而且这些问题的解决，也需要人们拥有一定的技术知识和经验基础。他们需要有很好的理由去挑战现状，需要问更多的“为什么”，需要对现有的规章提出质疑，而不是盲目地接受一切。而且他们要对完成自己的工作有坚定的信念，有一种“咬定青山不放松”的劲头。其中最后一点是非常重要的。总而言之，在行动实验室中，我们需要的不是那种轻言放弃的人。

到目前为止，我们已经建立了10个这样的实验室，有的取得了成功，而有的则最终失败。对于那些失败的实验室来说，一个主要的问题就是，他们在一开始就没有形成足够明确的愿景。我们发现，在开展工作的过程中，如果是由于人员机制，而使得工作无法进行下去，你就需要马上对当前问题的性质做出判断，然后采取相应的解决方式。但事实证明，大多数实验室都是非常有用的，他们所取得的成果，的确在很大程度上改变了我们的工作方式。

到目前为止，我们的最大遗憾就是没能在高级管理层烧毁那些录像带之前将其复制一份。

有的时候，在变革过程中，你必须对现状（比如说，某些不肯改变的个人，和难以改变的公司政治）进行较大的变革，否则你就无法建立一个真正的21世纪的组织。在组织变革的早期阶段，这些个人和公司政治可能很难撼动。但这些问题也是你必须解决的，否则你就永远无法实现自己的愿景。

在“恐惧商人”中，我们可以看到，致使这家公司最终取得进步的，并不是任务小组本身。实际上，他们的一个主要经验就在于，能够进行充分的授权，从而帮助行动实验室消除所有的障碍，完成又一轮的变革。奇怪的是，完成该项工作的正是某种类型的任务小组——之所以奇怪，是因为通常情况下，任务小组都不会有这么大的力量。现在，让我们分析一下他们的工作方式。首先，行动实验室被赋予了很大的自由度。其次，行动实验室的成员拥有足够的时间开展工作。而通常情况下，这种任务小组的工作，都是通过加班的方式来完成的。再次，他们被给予了足够的权限，来收集所有必要的数据。如果需要的话，即使公司董事长也不能拒绝回答他们的问题。最后，他们可以提出非常尖锐的问题，在开展工作的时候，他们不会受到这样的告诫，“不要太过分了；要注意可行性；要注重实际”等。因为从某种意义上来说，这种告诫实际上就等于说，“不要提出过于尖锐的问题，否则你们就会遇到很大的障碍。”由于没有这些限制，行动实验室可以在经过一轮变革浪潮之后，继续推动整个组织，去迎接更为艰巨的挑战。

“恐惧商人”的另一个成功经验就是它所体现的创造性——为了说明问题，他们甚至亲自动手写了一个剧本，并聘请演员将其表现出来。在拍摄的过程中，他们注意使整个短剧看起来非常幽默——这样就可以打消人们的防御心理，并避免导致正面的对抗和上级的斥责。如果这种幽默通过戏谑的方式表现出来，可能就无法发挥出应有的效果。如果短剧中所表现的问题并不真实的话，它很可能马上就被付之一炬。如果执行团队并没有因此而意识到问题的严重性，而且还能够找到理由来说明其必要性，行动实验室的工作也将毫无意义。但正如我们看到的那样，行动实验室成功地避免了所有这些问题的出现。在看完短剧之后，每个人都在意识到问题严重性的同时，看到了解决问题的希望。在这种情况下，如果能够辅以其他行动，所有的障碍都会烟消云散，变革之路也必将豁然开朗。

形象可以是一种非常有力的武器。即使只被看过一次，它也可以永远驻留在你的脑海里。时隔一月，仍然有人在谈论“恐惧商人”录像带，这就是一个很好的证明。

张弛有度，适当放弃

在组织变革中，即使你能够保持很强的紧迫感，即使人们能够着手处理很棘手的问题，即使他们能够成功完成一轮又一轮的变革，他们也还是会由于筋疲力尽而最终放弃。因为他们发现自己不得不维持组织的运转，这也就意味着，他们不得不一再重复自己以前的工作。不仅如此，为了创造公司的未来，他们还不得不在自己的日程安排上，增加一些新的工作。这就会导致人们最终产生一种抵制心理，对于很多人来说，自己面临的问题根本就是无法解决的——虽然事实并非如此。

在成功的变革中，人们总是能够通过一种简单的做法，来解决这种问题：当工作太多的时候，你就应该设法放弃一些。

从 25 页缩减到 2 页

▶ 肯·莫兰（Ken Moran）、里克·布朗宁（Rick Browing）提供

变革团队工作了一段时间后，整个变革流程似乎已经步入正轨，我们就开始收到大量反馈，其中谈及的一个最重要的问题就是工作量太大，“肯，我太太对我的意见越来越大。”“肯，我们不能一直这样。”“肯，如果我给报社打电话，让他们到你办公室采访，然后，我走进你的办公室，累死在他们面前，这恐怕会断送你的职业生涯。”

因此我们发了一封电子邮件告诉大家，变革过程并非渐进式的工作。如果你是工作小组成员，工作小组的任务就是你工作的一部分。如果你还有其他工作需要完成，我们就需要将其重新分配到其他部门，或者干脆放弃。这是工作量过大的唯一解决方案。

当我们关注自己的日常工作，并问“这真的能给我们带来更多的价值吗？我真的需要做这件事情吗？”我们常常可以找到很多方式来节约更多的时间。比如说，每

月报告。每个月，所有的部门都会提交一份厚厚的报告，并将其传达给50～60个人。一般情况下，这份报告至少有25页。它可能会涵盖从新产品开发到不同项目的进展情况的所有内容。这份报告所耗费的人力物力可想而知。但它所产生的效果却并不理想，实际上，我们当中已经有很多人开始不再阅读这种报告。如果需要了解自己公司当前的市场份额，我们就会让自己的助理做一份精炼的报告。如果希望了解新产品的营销计划，我们可以直接询问公司营销副总裁。通过这种方式，我们可以在最短的时间内，获得自己所需要的信息。而在那份厚厚的营销报告中，这些信息要么被淹没在许多无用的信息洪流中，要么根本没有被包括在内。

所以，我们最终决定要对以往的每月报告进行修改。它的长度将被限制在2页之内，并突出强调那些部门领导们同意通报的财务信息（比如说，销售额、增长率和预算情况等）。如果一个部门在自己的领域取得了重大进步，这件事会被涵盖在报道范围之内，而那些各部门独自进行的项目细节将被统统删除。想想看，50个人，每月阅读一份25页的简报和一份只有2页的简报，二者之间的差别该是多么巨大啊！

如果能够发现，并及时阻止那些耗时而不必要的工作，我们就不会感到如此不堪重负。所以我们必须把精力集中在那些重要的工作上，否则就无法制定和采用新的战略。现在我们需要做的事情，以及在今后的3～4年里需要努力完成的工作，就是继续找出像每月报告这样的问题，然后用一些真正重要的工作来替代它们。

对有些人来说，进行这样的调整，是一件相当困难的事情，所以我们需要付出更大的努力来帮助他们。

在“从25页缩减到2页”的案例中，变革领导者们只通过一个简单的举措，便改变了整个组织的面貌。它每年可以为管理层节省大约1 000个小时。而且通过这一举措，公司老板明确地传达了自己的意图。这是一项能够使他的话语更容易为人理解和信任的举措，而且所带来的效果也是非常明显的。

解决工作过多的最好方式就是，尽早意识到问题的存在。然后，你就可以及时清除掉以前的遗留问题，比如说，你可以停止50年来一直进行的周二晨会（因为这种会议根本就是多余的）。你可以取消摆在你桌上的六种不同的报告，因为这些报告不仅要消耗掉你大量时间，而且根本就与你的工作毫无关系。你可以通过电话会议的方式来与人们沟通，这样就能大大减少商务旅行的开支。你可以不再去参加那些根本不需要你出席的会议。你可以停止那些根本没有任何实际意义，而只会耗费时间和金钱的项目。你可以向人们进行更多的授权。你可以首先确定哪些工作可以分配，然后大胆地将其交付给别人。你不仅可以把有些工作交给下属，而且还可以交给你的同事。如果你发现老板比你更擅长完成某项工作，你可以请他们代劳。在这个过程中，你根本不需要考虑所谓的面子问题——“看看，我所进行的工作多么重要”的心理完全可以被抛之脑后。通过这种方式，你可以直接把很多其他人能做、应该做，而且愿意做的工作从自己的办公桌上推开。

人毕竟不能与机器相比。我们需要更多的时间来维护；我们需要通过睡眠、放松和消遣来获得更多的精力；每个参加一家公司、一个部门，甚至一个工作小组变革工作的人，都应该时刻告诫自己，“我的目标并不是要把自己累垮。”

我最喜欢的关于步骤 7 的故事

读者可以从中体会到什么是创造性。

街道

▶ 杰克·雅可布（Jack Jacobs）提供

我们已经在提高客户服务（企业变革愿景的一个重要

组成部分）方面做出了重要改进。我们成功地将准时发货率从 50% 提高到了 99%——虽然 50% 的发货率在我们的行业中已经非常了不起了。我们的成功不仅给客户带来了很大好处；还给了我们很大的信心。不幸的是，虽然提高发货率本身是一件好事，但它却出人意料地让人们已经消除的自满情绪死灰复燃。现在的问题是，我们该怎么办？

我们发现，当初为减少配送时间而进行变革，实际上为我们提供了一个进一步提高愿景和价值观，并保持变革继续进行的机遇。我们已经及时清除了所有的库存，并将很大一部分转移到了供应商处。结果是，制造车间现在有数千平方英尺的空闲空间。走进工厂，你会发现它更像是一个空荡的仓库而非一条生产线。发现这种情况以后，我们的第一个反应就是，这里该存放什么东西？由于我们的产品供应范围遍及美国东南部，所以我们开始四处调集一些其他需要存放的物料到这里，比如说木头、钢板、塑料、钢钉等。

就在这个时候，我们的一位设计人员向我提议，“为什么我们不把这些空间当作办公地点呢？”虽然当时我们已经在工厂设立了一些办公室，供工厂管理人员使用。但大部分的经理人员还是集中在距工厂五分钟车程的总部办公。考虑到这里有遮风避雨的功能，四处封闭，所以，我们开始考虑将这块空间改装成供工厂管理人员和经理们使用的办公室。

由于一直希望能够将变革继续进行下去，所以我开始考虑，这次对工厂进行的重新设计是否符合我们更大的变革项目。结果证明，这种改造正符合我们的社区理念：我们一直希望能够构建一个社区，将公司的数千名员工凝聚起来，从而获得巨大的竞争优势。在我看来，对工厂的重新设计，可以为传播我们的社区整体理念提供一个机遇。所以我就给设计团队布置了一项任务，“怎样才能在重新设计工厂的过程中，既强化我们的社区理念，又能保证变革项目的延续性?”他们的回答让我大吃一惊。

我们一致认为，如果能够找到一种方式，来增加办公室职员和车间工人之间的互动的话，我们就可以达到加强社区理念的目的。现在的问题是，我们怎样才能在现有的空间里实现这种互动。在考虑这个问题的过程中，我们的愿景变得越来越宏大，并逐渐演变成为一个更加复杂而宏伟的构想——我们决定把生产线转移到工厂的中心，然后在外面建立一条走廊。走廊的天花板用玻璃制造，这样就可以保证光线的充足。在走廊的另一边，我们布置的是管理人员办公室。大体来说，工厂被安置在中央位置，办公室在外围，二者之间则是一条宽大的走廊。

接下来，我们决定将所有可以共同使用的房间（比如卫生间、咖啡室等），建立在走廊边上，这样办公室职员和工厂工人就都可以使用它们了。对于工厂工人来说，他们必须走出工厂，沿着走廊走一段时间。对于办公室职员也是如此。所以两边的员工不仅要共享卫生间，而且要共同使用同一条走廊。所以二者之间的互动性也就得到了大大加强。工厂里的每个人都需要通过这条走廊，才能到达自己工作的地方。

事实上，由于使用频率极高，这条走廊开始被称为街道。通过这条街道，在咖啡室、休息室和会议室里，办公室职员和工厂工人之间相互沟通的频率大大增加。

就这样，我们不仅充分利用了原有的空间（这也是第一轮组织变革的成果），而且成功地构建了一个社区，并进而强化了组织变革成果。我们所做的一切都是非常明显的，每个人都看到了这一点。从某种程度上说，我们非常幸运。但关键是有人意识到，这应该是我们工作的关键，而且我们在实际的工作中也体现出了这一点，这才是最重要的。

想想在“街道”中，人们为体现“协作”这一主题而采取的做法。其中最明显的一条就是，他们启动了一个新的项目。演讲、工作组，或是对绩效考核表进行修改，这些做法都可能起到一定的帮助作用，但如果变革领导小组已经厌倦了无休止的变革工作，或者一位员工的紧迫感已经消失殆尽，那结果又会如何？在这种情况下，人们常常会放弃进一步的努力，使自己相信，所有的变革愿景都已经实现，并拒绝启动任何新的变革项目，无论它们经过了多么精心的设计。

“街道”中的变革工作之所以能取得成功，并不是因为它直接建立了某种协作，或制定了新的协作规范。它的成功是因为公司所有人都看到了自己的组织在利用一定的空间，为各部门的员工之间的互动和协作创造了便利。这在某种程度上，强化了人们心目中那种“我们应该相互协作”的信念。这条“街道”之所以能够发挥作用，其中一个重要原因就是蓝领和白领都有了更多的机会，进行相互交流，从而加深了双方之间的相互理解，进一步消除了双方原有的偏见。“噢，原来他也和我一样，穿的是一样的衣服，吃的是普通的食物，说的是英语。我们之间并没有太大的差别。”随着偏见的消失，双方之间的合作倾向就会渐渐增强，整个组织也就因此而前进了一大步。在这个过程中，公司培养了一支富有革新精神、能够迎接 21 世纪挑战的工作群体。

STEP 7
步骤 7

促进变革深入

保持组织变革的势头，无论遇到什么困难，在愿景实现之前千万不要放松。

行得通的方式

- 减少那些使你不堪重负的工作——包括那些在以前是必要，而现在则是多余的工作，以及那些你完全可以交托给别人的工作。
- 不断通过某种方式来保持整个组织的紧迫感。
- 最大限度地利用新的环境所带来的机遇，及时发动新一轮的变革。
- 让大家不断看到组织变革的阶段性成果。

行不通的方式

- 制订一份死板的四年计划（要学会随机应变）。
- 在没有完成任务的时候使自己相信愿景已经实现。
- 使自己相信，“我完全在避免直接面对官僚和政治行为的情况下实现自己的愿景”。

- 超负荷运转过度，以至于在肉体上和情感上都陷入崩溃状态（或者彻底牺牲掉自己工作以外的生活）。

需要记住的故事

- 资本收益率
- 恐惧商人
- 从 25 页缩减到 2 页
- 街道

步骤 8

成果融入文化

THE HEART OF CHANGE

传统是一股非常强大的力量。在跃向未来的过程中，你很可能会一下子退回原地。所以要想保持变革的成果，我们必须建立一种新的、支持性的、足够强大的组织文化。一种支持性企业文化，可以成为新的运作方式的源泉，可以使一项革命性的技术、一个已经实现全球化的组织、一项革新性的战略，或一个更加有效的流程继续运作下去，并最终使你成为真正的赢家。

变革可能是非常脆弱的

成功的变革通常比我们想象得更加脆弱。所有的父母都曾经有过这样的经历：他们走进自己那无法无天的孩子的房间，喝令他/她安静下来，并重新把一切放回原来的位置上去，结果却发现自己一旦离开，这孩子马上便又恢复了先前的顽皮。这就是所有组织都会遇到的如何固定变革成果的问题。

在任何领域，成果融入文化都是一件非常困难的事情。但如果这一问题得不到很好的解决，你的所有努力就可能会功亏一篑。

老板前往瑞士

▶ 约翰·哈里斯（John Harris）提供

在对缓慢而官僚气十足的传统企业机制进行改造之

后，我们将原来的五级领导削减为三级。主管层也由以前的四层减少为两层。这就使我们可以在形势发生变化的时候，以更快的速度做出反应。我们的等待时间大大缩短，领导层的决策也可以更加有效地传达下去。每个人都责任明确，权限清晰。如果一名位于加利福尼亚的经理人员认为，我们应该修正关于猫食 Friskies 的广告，他完全可以在不告知我的情况下自行做出决定。

在有些情况下，为了支持所有这些行为，我们不得不保持必要的正式结构。比如说，有些来自总部的人可能会对我说，“某人可以承担更多的管理工作。要安排一位经理直接向他汇报工作。他是一个非常有潜力的家伙，应该成为我们大力培养的对象。现在，培养人才是我们的第一要务，但我们当前的培养方式的确存在很多问题，如果不能及时进行组织调整的话，我们将很难实现人才培养的目标。”在这种情况下，我通常会说，“好吧，他现在的任务是负责加利福尼亚的宠物食品营销，为了完成任务，他必须协调好几个部门的关系。”他们会说，“是的，但是要想成为一名副总裁，你需要有 10 名向你直接汇报工作的下属。”当然，如果我们这样做的话，这就意味着我们将设立一个副总裁职位，并因此雇用更多的经理人员。

我还碰到过许多类似这样的对话，“随着组织不断发展壮大，我们需要添加人手来监督当前的工作。我们需要设立一套系统来管理这些人，这也就是说，我们需要增加一名副总裁。”抱有这种思想的，通常是用心良好的人事部门或财务部门人员，他们希望能够通过这种方式来避免人们做出错误的决策。但这并不是一件好事。我们需要，而且已经成功地建立了一种责任感和主动负责的精神。在我们看来，真正做出决策的，应该是那些最靠近作业现场的人，在进行决策的过程中，他们有时可能会犯一些错误，但却不是经常现象，而且他们也可以从自己所犯下的错误中吸取不少教训。所以在我看来，我们最不需要的，就是那些只知道墨守成规的人。

结果，我被调到了瑞士。

在人才培养的过程中，我们的一个措施就是将他们送到我们在瑞士的总部。我现在的情况就是如此。

我此行的时间应该是五年，这也是完成我目前工作所需要的时间。但经过三年之后，我以前所在部门的业绩下滑得如此之快，简直让我无法相信。怎么会这样呢？这是一个正处于飞速发展阶段的组织，决策灵活而及时，而且拥有大批优秀的人才，这样一个组织怎么会在短短三年时间里变得面目全非呢？无奈之下，瑞士的管理层马上把我急调回加利福尼亚。

回到美国之后，我所见到的是一个完全不同的组织——原来精干紧凑的领导机构，如今已经变得臃肿而缓慢。就在这短短三年时间里，我们的组织结构又增加了两个级别。增加了一名运营副总裁和一名高级副总裁，这进一步导致了组织机构的几何级扩张。一旦设立一名副总裁，就不可避免地为其配备一些行政助理，同时还要配备一些直接向其汇报工作的下属。就这样，一个非常精简的三层组织很快膨胀为一个臃肿的多层机构。所有的决策都变得越来越慢。

刚开始的时候，我并不明白情况为什么会如此，但现在我终于搞清楚了。他们选择替代我的人，并不赞同我精简机构的做法，他更喜欢模仿其他部门的那种组织结构。而且他可能还曾经因此而受到过奖励。就在我离开之后不久，他们马上就进行了组织结构调整，增加了许多新的岗位和级别，并开始以一种完全不同的方式，来管理整个企业。我必须承认，我们当初所进行的一切变革工作都只是昙花一现，随着我的离开，一切都恢复到了原来的状况。

现在，我回来了。我们再一次进行结构调整。我们削减了 SG&A㊀，这样可以使我们的机构变得比较精干，同时我还

㊀ 销售成本、综合开销及行政费用（Selling, General and Administrative expenses, 简称 SG&A），属于企业一般管理费用。——编者注

意识到了进一步进行机构改革的重要性。在我看来，要想使我们的“精兵简政”理念深入人心，我们就必须改变整个组织的业务方式，将组织变革愿景与部门的工作、个人的价值观念直接联系起来。仅仅靠我一个人是不够的，因为我不可能单凭一己之力来发动整个组织的变革，更不可能寸步不离地捍卫我的变革成果。

在很多情况下，变革成果的存续只有一个领导团队，团队中的一名核心成员（比如说在上面的故事中），一种报酬系统，一种组织结构，一股对以往变革成果的热情等维持。你可以相信自己已经建造了一所坚固的房屋，但却没有意识到，真正起支撑作用的正是那些建筑工人。一旦这些建筑工人离开自己的工作岗位，地球重力的作用就会使整个大厦陷于崩塌。在大规模变革过程中，企业以往的组织文化就起到了重力的作用。

文化是一个相当复杂的概念。在这里，我们所谓的文化，就是指一个群体中的行为规范和该群体所共同遵守的价值观念。它反映人们对于事物价值的判断和行为方式的标准。那么，我们应该如何测试某种行为规范是否已经嵌入到我们的企业文化中呢？一种方式就是，观察当我们的行为偏离正轨的时候同事们的反应，如果他们不假思索地努力劝服我们返回到原来的规范中，那就说明这种行为规范已经成为我们企业文化的一部分。关键是同事们的反应，因为他们体现的是一种群体性行为，而且他们在做出反应的时候应该是不假思索的，因为这意味着这种行为规范已经深入到他们的内心深处。

在很多情况下，我们都可以看到文化的存在，以及其力量的显现。比如说，在一家餐厅里，大多数人都不会在吃饭时弄得一团糟——虽然保持餐桌礼节，需要我们投入一定的时间和精力。在擦手的时候，我们会用纸巾，而不会胡乱地把手在桌子上抹来抹去。在做出这些动作的时候，我们经过斟酌了吗？如果是这样的话，我们为什么不用围兜呢？实际情况是，使用纸巾已经成为一种习惯，而且更为重要的是，它已经成为我们周围文化的一部分。如果我们违反了这种规范的话，整个餐厅里的人都会用一种厌恶的眼光看我们，服务人员会为我们的行为感到震惊，和我们一起进餐的朋友可能以后再也不愿意和我们一起在外面吃饭了。在工作的时候，如果我们赤身裸体地出现在工作场合，我们就会受到更大的责罚——即使这种做法并没有违反任何规章制度。

在大规模的组织变革中，我们可以利用文化的力量，将一种变革成果转化为企业文化的一部分。有的时候，这可能非常简单。而在另外一些情况下，这可能就非常困难——因为在大多数情况下，建立一种新的规范，就意味着你必须改变那些已经深入人心的旧的行为规范。但在另外一些情况下，建立一种新的规范也可能是一件相当容易的事，因为只要能够在足够长的一段时间内，保证行为的一致性和延续性，你就可以成功地树立一种企业文化——事实上，这也正是文化得以建立的方式。对于那些创业型公司来说，情况尤其如此。一个企业家建立了一种新的运作方式并取得了成功。如果他或她的员工能够坚持这种运作方式，那么几十年之后，即便这位企业家离开这家企业，他或她所建立的企业文化也将依然存留。

但从另外一个角度来说，有时在建立企业文化的过程中，你也可能表现得过于成功。比如说，有些企业家建立了一套比较稳定的企业文化，几十年后，形势虽然已经发生了巨大变化，但该企业还是难以摆脱原有的企业文化，因此也难以随着时代的变革进行及时调整。但我们今天所面临的问题却经常恰恰相反。员工的流动、业务的压力、颠覆性的危机，或者是老板的离开等，都会使那些原本已经比较脆弱的企业文化陷于崩溃。

对新员工的培训

员工的流动可能给企业文化带来巨大的冲击。当那些新企业文化的捍卫者离开的时候，他们带头遵从的企业文化也可能会随之消失。而当新的员工进入公司之后，他们可能会带来一种截然不同的企业文化。无论如何，刚刚建立的企业文化都可能面临消失的命运——除非有人能够采取一些非常具体的行动，阻止这种情况的发生。

通往病人的道路

▶ 托马斯·罗西博士（Dr. Thomas Rossi）提供

所有的员工都知道，我们正在开发和推广一种新的药物，而且一种成功的新药可能会给整个公司带来巨大的利益。但就在几年前，人们对我们的运作方式和特点还不大了解。这是因为我们推向市场的药物从来没有失败过。所以如果你在两年前问人们，我们是否取得了成功，他们就会告诉你，“当然了，我们推出的所有药物都给人们带来了巨大的帮助，所以我们肯定是取得了成功。”

不错，我们推向市场的药物的确帮助了很多人，但这并不意味着我们不存在问题。比如说，我们的员工就没有看到，我们在新产品推广中存在巨大的浪费现象。而且他们也没有看到，为了将一种新药推向市场，我们通常需要 5～6 年的时间。为什么他们没有看到这些问题？因为他们从来没有离开过自己的“竖井”[㊀]。我知道这个词已经被使用得过于频繁，但它的确反映了我们今天所面临的现实情况。我们召集了许多来自不同科学领域的专家，在他们所擅长的领域内开展研究。如果他们的任务是进行第一阶段的测试，他们就会对药物进行一种初期的评估。各尽其职，这并没有错，问题是他们根本不会去与第三阶段的测试人员进行沟通，但在实际的评估过程中，我们通常要在第三阶段的临床监测上投入大量的资金。如果第一阶段和第三阶段的科学家们能够早些进行协作，共同评定出哪些药物值得进行这种临床监测，我们就不会在一些没有必要的工作上浪费资金。

在组织变革的过程中，我们的愿景一直都是“在提高研发价值方面成为行业主导”。为了实现这一愿景，我们启动了一项完整的变革项目，以把员工带出自己所在的“竖井”，使其能够了解更大范围的研发流程。通过帮助人们了解当前工作中存在的一些问题，以及可能采取的解决方案，我们成功地提高了人们的紧迫感。我们得到了母公司领导层的大力支持，并聘请了研发部门那些雄心勃勃的科学家们来领导他们所在领域的工作。我们进行了无数次的沟通，并针对整个研发流程进行了培训。所有这些

㊀ 原文为Silo，也可译为筒仓。此处寓指各自为政，缺乏协作。——编者注

都使我们的工作有了很大改进。最近一段时间以来，我们开始把工作集中在更重要的问题上，那就是如何把我们所取得的变革成果固定下来——使其成为我们企业文化的一部分。

我们不能让新近聘请来的员工再陷入“竖井”中，但由于他们中的大部分人都会把一生致力于自己从事的研究领域，所以发生这种情况的可能性非常高。因此，我们必须仔细考虑，应如何对这些新近到来的员工进行培训。我们的培训活动通常为期一天，地点就是在我们的总部会议室，在这个过程中，新来的员工将对药物的研制和生产进行更多的了解。我们会使用一些录像带，来帮助人们了解我们当前的工作方式，以及它们背后的价值。

在播放录像的时候，观众首先看到的，是一幅有高速公路的用计算机描绘的地图。在这张地图的顶端，你会看到它的名称“通往病人的道路”。在这条高速公路的旁边，你将看到一些出口，那里就是我们的药物研究或开发中心。在进入高速公路之前，你会听到来自我们董事长的几句话，他从商业角度，向你阐释他对药品行业的理解：“这就是我们所要努力完成的任务。”在我参加的上一次培训会议上，我听到一位科学家跟旁边的一位女士说，“在我以前所在的那个部门（他来自另外一家公司）里，根本没人知道我们的董事长是谁！”

董事长的演讲贯穿整盘录像带。当你进入“研究”中心的时候，你就可以听到一位科学家在谈论自己的测试过程。“你好。我会把你介绍给我们的一位负责进行早期药物监测的机器人同事，它可以对药品的成分进行分析，并向我们提出一些很有价值的建议——比如说药品的互动建议，等等……”然后你就会返回到高速公路上，进一步了解我们的产品发布情况。在产品发布中心，你会遇到一位经理，他将讲述自己与第三测试阶段的人进行电话交谈的情况。“一位朋友给我打来电话，他向我谈到了一种能够帮助病人免除癫痫症之苦的药物。他们一直在对病人的反应进行检测，结果看来不错。所以我必须开始准备新产品发布活动了。通过病人监测装置，跟现场人员进行交谈，以及评估市场反响等方式，我已经对该药物的性能有了大致了解……”

整个培训过程包括录像带和演示，目的都是向新员工介绍我们的研发活动。现在你可以听到一位在工作岗位上工作了一周的新员工说，“我已经和测试部门的人通了电话，告诉他们准备好自己的机器人，因为我们很快就会有一种新的药物要进入测试阶段。”

我们还向新员工展示了一些受益病人的录像片段。这可以帮助他们对最终的结果加深了解，并把我们的工作和他们的价值观念进一步结合起来。其中的一个片段里有一个女孩，在我们的帮助下，她终于摆脱了癫痫病之苦。在此之前，她每天大约要发作60～70次。这使她不能到学校接受教育，不能学习，甚至都不能与别人交谈。当时所有的药物都不能治愈她的病症，传统的疗法也起不到任何效果，直到我们的药物问世，她才过上了正常人的生活。“谢谢你们，”她说道，“是你们让我们过上了正常人的生活。”所有看到这个录像片段的人都被深深打动了。有的人热泪盈眶，还有一些人脸上浮现出会心的笑容，看得出来，他们以自己能够在这样一家公司，从事这样一种行业而深深地感到自豪。

另外，通过内部网上的互动教育，也可以使新员工对整个研发过程保持关注。你可以按照自己的进度安排学习，但最终必须接受一项测试。这种做法的主要目的，是让所有人都有机会展示自己对研发流程的了解程度。一位负责药物研制的经理告诉我，他的一位手下刚刚在他面前完成测试，并就如何与开发小组进行协作提出了很多建议！她的建议主要包括：“为什么你不去看看内部网站，了解一下开发小组的工作情况呢？我们本来可以与他们更好地合作。”

通过这种方式，我们试图帮助新员工更多地了解我们的工作方式，而且通过他们，不断地将变革成果沉淀到组织文化中。

值得一提的是，如果处理不当的话，所有这些措施都会给人一种“宣传品”的感觉，并最终归于失败。即使处理得当，那些持怀疑态度的人也会对其恨之入骨。但这家公司显然没有冒险去聘请那些怀疑主义者。大多数人都不会在接受一份新工作的时候对新环境挑三拣四。

“通往病人的道路”中的新员工培训项目，主要有以下四个特点：

1. 它介绍了研发小组新的运作方式。

2. 录像带起了很大作用。新员工可以看到员工讨论工作，并听到他们讲述关于自己工作的真实故事。

3. 它创造性地通过影像来具体展示了一些比较抽象的内容（比如说“我们将流程中的各个阶段紧密整合起来”）。因为处理得很好，影像演示起到了传统的通报所无法比拟的效果。

4. 录像带还展示了新企业文化中的核心价值观念，并通过对一位真实客户的访谈打动了观众的心灵。

在接受了这种培训之后，新员工自然就会很快地融入到新的企业文化中。随着整个组织不断取得新的成功，新的行为规范也开始渐渐沉淀，成为企业文化的一部分。

提拔程序

另外一种强化企业文化的方式，就是改革提拔程序。适当的提拔可以使那些真正体现出新的行为规范的人，对其他人产生更大的影响力，并最终起到强化这些行为规范的作用。

提拔 30 多岁的人

▶ 小亚瑟·苏兹贝格（Arthur Sulzberger Jr.）提供

在过去的 30 年中，我们已经成功地对企业进行了改革，这主要归功于我们的一些员工。在不到 6 年的时间里，我们迅速成长为一家全国性报纸，每天都有数百万读者阅读我们所提供的内容。这意味着我们必须快速提高自己的发行、流通和印刷能力。所以，我们必须以一种新的方式来赢得广告合同，来帮助人们接受并实现我们成为一家全国性报纸的愿景——虽然这样做困难重重，而且我们曾经有过失败的经验。

在这个过程中，我得到的一个主要教训就是：在清楚了自己的愿景之后，一旦你向其他人传达了自己的意图，一旦你发现通过新规则可以取得更大成功，你就应该马上提拔那些遵守新规则的典范人物，这是一种建立和保持新的企业文化的最有效方式。

几个月前，在寻找规划部门主管的过程中，我们发现了一些比较“适合”的候选人，按照以往的标准，他们应该是规划部门主管的最佳继任者。这些都是非常优秀的人选，唯一的缺憾是，他们没有很好地体现新的企业文化——我们将其称为“道路规则”。他们过多地受到了传统思想的影响，虽然我们已经成功地进行了很大的变革，他们在工作的时候还是很难摆脱自己以往行为方式的影响。

协作是我们的“道路规则”中的一个重要内容，但在我们的候选人中，有很大一部分依然习惯于单独做出决策。毕竟，这种决策方式更加简单，而且也比较快，但它并不符合我们新的规则。我们知道，传统的决策方式更加强调等级观念，但同时它也会给我们的变革成果带来一定的损害，并进而影响到我们公司的未来前程。如果位于高层的人坚持这样做，就很容易鼓励其他人也回到以前的传统，我们以往所进行的变革将显得毫无意义。

考虑到这些因素，我们最终选择丹尼斯·沃伦担任规划部门的新主管。她 30 多岁，工作日程非常富有弹性。大家认为这是我们组织中的一项重大决策。毕竟，她太年轻了！而且还是采用弹性工作制？但对我们来说，这是一个非常好的决定，因为就个人情况而言，丹尼斯的能力充分体现了她对“道路规则”的理解。

随着经验的增加，我挑选和提拔这种人的能力也在不断提高。显然，我们在进行人员甄选的时候，必须分外谨慎。这就需要我们设计一个能够从许多方面对候选者进行观察的流程。同时我们还必须注意，不能在那些落选者中造成怨恨心理。如果人们接受我们的观点，如果你很明白自己当前工作的意义所在，如果你的逻辑正确，大多数员工都会对你的行为表示理解——即便他们刚开始的时候可能感到有些惊讶。

我们已经把新的企业运作理念作为员工评价标准的一部分，展示这种理念（或者是允许别人展示这种理念）的人越多，我们将其转化为企业文化的概率也就越大。

通过对那些能够接受和体现新的企业文化的人进行提拔，你就为新的企业文化建立了一个稳定而坚实的基础。只要它们不会引起人们的厌恶，任何接受这些规则的新员工和老板都会对建立一种新的企业文化有帮助。但将一些在遵守新规则方面比较模范的人提升到高级管理层，显然是一种最有效的方法，因为这种做法实际上为人们建立了一种新的价值标准。

一个良性循环从此就可以进行下去。一套更强的决策规范，可以帮助人们做出更明智的提升决策，那些接受新企业文化的人就会感到自己拥有了更多的授权，这就会鼓励他们做出更多正确的决策，从而帮助自己的企业不断取得新的成功，而这又会巩固组织成员对新的企业文化的信念，从而保证他们做出更多正确的决策……

情绪的力量

本书从始至终都在讨论情感对于大型变革的影响。我们之前已经讲过几个用录像来激发职员情绪的故事。下面是最后一个关于这方面的精彩案例。

住房抵押

▶ 特里·皮尔斯（Terry Pearce）、艾维林·迪尔萨维（Evelyn Dilsaver）、丹·利曼（Dan Leemon）提供

在过去的六年中，我们的职员人数一直在以每年25%的速度增长。这就意味着公司职员中只有1/4能够经历整个变革过程，最终留下来。即使我们的变革取得了成功，公司的文化也很有可能从此被淡化。所以，我们决定在整个公司范围内通过互联网开展一次“价值重估”活动。我们把这次活动称为“愿景追寻”，安排在一个星期六的上午进行，一共持续了四个小时。公司在世界各地分支机构的4万名职员，全都参加了这次活动。我们

通过通信卫星进行了交流。

在我们公司，大家经常花很多时间，收集那些能够反映公司文化的事例。两年之前，在一次高级经理层的餐会上，我们讲了许多这样的事例，最后由每个餐桌的与会者选出他们最喜欢的事例。我们当时就决定，把这些事例用于新职员培训和公司一些其他活动中。在“价值重估”中，我们选用了其中的三个事例。

其中引起最大反响的是一个关于公平的事例。录像片中，我们一位客户的儿子站在一个房子前。他告诉我们，他的父母在1987年的萧条中破产了，欠我们公司钱。我们公司的一位副总裁负责结算这笔账目。他到加利福尼亚南部，和这对夫妇讨论偿还的问题。他们现在只剩下退休金和一个房子，而且夫妇两人都已经将近70岁，身体也不好。最后，大家决定用房子来偿还债务。双方协议，欠债的夫妇可以一直住在这个房子里，直到他们不再需要它，届时公司将把它收回。在录像片中，这对夫妇的儿子告诉观众，我们公司还同意让他们保留退休金。公司副总裁的同情心和公平原则，让他觉得不能把这对不幸的老夫妇赶出他们的房子。

这个故事本身就可以很好地说明我们公司的价值原则，和我们对这些价值原则的实施。但事情还不止于此！录像片中的叙述者告诉观众，双方达成协议几年后，他的父亲去世了，此后他的母亲一直住在那个房子里。又过了几年，这个房子在一次大火中被夷为平地。在这种情况下，我们可以收取房子的保险金。公司派遣了另外一个人来处理这件事，但他也和上次的那位副总裁一样坚持公平的原则。他帮助老妇人跟保险公司进行了结算。房子又被重建起来，而老妇人也重新搬回那里去住。公司与她之间的债务直到5年后她去世时才最后结算。她的儿子同意为我们制作这部录像，因为他非常感激我们如此为他们着想。

我想在场的人都注意到，人们对这个故事的反响有多么强烈。有一位女职员显然因为在周六被叫来参加会议不大高兴，这从她的衣服和表情就看得出来。但是，“愿景追寻”活动开始30分钟后，她却放下了手里的书——从首席执行官开始会前讲话的时候，她就一直在看那本书——开始听会议的内容。等到这部录像放过之后，她已经和许多其他人一样，非常认真地投入到这次活动中了。而其他一些人甚至流下了眼泪。

我们需要多做这类的事情。这比给新职员简单地发一份公司价值原则陈述更深刻，也更有力。它可以帮助我们所有人记住，我们创造了一个如此特别的公司，记住正是我们的特别之处让客户愿意与我们打交道，也正是这些特别之处为公司引来真正出色的人才。

这家公司做得很好，因为它能够公平地对待客户，这种价值原则也成为其公司文化的一部分。但是，随着职员的迅速增加，这种文化和以此为依托的行为就很有可能被淡化。所以，他们才会通过“愿景追寻”活动和其他一些手段来设法让新老职员——尤其是新职员——看到公司关心的是什么，感受到公司的文化，并主动地融入这种文化。这些感受将激励人们采取行动来巩固这种文化，使公司获得成功。

一个有争议但十分重要的观点

要应用本章中介绍的所有理念，同时避免错误，就要首先理解一个关于组织变革的基本问题——这个问题非常重要，但也常常有人误解——在变革过程中，文化是最后而非最先要考虑的问题。

常常有企业试图首先改变公司文化。他们这样做的道理很简单，既然文化属于公司内在的部分，而且发展缓慢，不易引发风险，那么我们就先来改变它。在那之后，任何新的愿景自然可以比较容易地落实为行动。听起来确实有道理，但事实并非如此。

实际上，只有当一种新的运作方式经过一段时间的验证，被证明很成功，公司的文化才有可能随之发生变化。在改变运作方式之前就试图改变公司的价值标准是根本行不通的。变革愿景中可以提到建立一种新的公司文化。你可以促成人们改变行为方式，并从这种行为方式中体现理想的公司文化。但是，在整个变革过程完成之前，这些新的行为方式并不会成为行为规范，也不会取得统治地位。

现在，你可能在许多地方都会听到与这一现实相悖的观点。从某种程度上讲，这是一个语义学问题。人们可能用“文化”来指代新的行为方式和新的运作模式。如果你这样想的话，就应该把自大又低效的领导团队抛在一边，立刻建立新的运作模式。最好的情形是你这样做到步骤 7，以为自己大功告成，这样的话你就失败了。

我们可以做得更好些，而且好得多。这并不是什么艰深的学问。一旦你发现了可能的方式，一旦你开始乐观地相信自己可以为组织改进出一份力，事情的结果往往会让你自己都吃惊不已。

STEP 8
步骤 8

成果融入文化

确保变革成果已经深入到公司文化中，这样，新的运作模式才能长久保持下去。

行得通的方式

- 不要在步骤 7 之后止步——在变革成果融入文化之前，一切都还没有结束。
- 用新的职员指导素材告诉新职员，组织真正关心的是什么。
- 用提升机制将那些按照新标准行事的人安置到显眼、有影响力的职位上。
- 反复用生动的故事，说明变革后的新组织如何运作，为何会成功。
- 确保行动和结果的连续性，加速发展新的公司文化。

行不通的方式

- 单纯依靠老板、报酬机制或其他东西——而不是文化——来保证成果融入文化。

- 试图在变革的一开始就改变公司文化。

需要记住的故事

- 老板前往瑞士
- 通往病人的道路
- 提拔 30 多岁的人
- 住房抵押

结　语

目睹—感受—变革

环境的变化是永无止息的。事实证明，只有那些不断改变自身、适应环境的组织，才能在发展中取得成功，而本书中介绍的 8 个变革步骤，也正是这些组织成功的关键。变革中的最大挑战在于改变人们的行为方式。要做到这一点，切实地观察和倾听，确实比分析和思考更重要。很多成功变革的事例都可以很清楚地说明这个道理。

阿尔伯特·史怀哲曾经说过："榜样不是影响其他事物的主要因素，而是唯一因素。"

思考和感受

不论对于大型组织，还是小的部门来说，清晰的思路都是大规模变革的关键所在。最明显的例子，大概就是考虑成熟正确的变革策略。其他的例子还有迅速有效地收集有用信息，以及判断短期成功的可能性等。但是，如果考察一下各个成功变革案例，你就会发现，它们在核心的部分有一些共通之处。人们都敏感地注意到可能对变革不利的情绪，并想方设法缓解这些情绪。同时人们也注意到某些情绪有助于变革的实施，于是尽力去激发这些情绪。在变革的8个步骤中，注意到这些情况，的确可以帮助组织更加顺利地发展。

对变革不利的情绪包括愤怒、自大、悲观、傲慢、嘲讽、恐慌、疲惫、不安和缺乏安全感等。而利于变革进行的情绪则包括忠诚、信任、乐观、紧迫感、自信、热情和希望。

目睹—感受—变革

目　　睹

在变革的过程中找出问题或解决问题的方法，然后用生动具体的方式，使人们认识到这一点，以帮助他们改变原有的行为方式。演示时尽可能使用直观的方法——让人们可以触摸、感受或看到，尤其是看到（“会议桌上的手套”）。在演示问题或解决方案的时候，要尽量生动有趣、具有说服力，同时激发人们的热情（“原地组装!”和“世界范围内的竞争”);与人们面对面进行交流(“准备问答”),使用模型(“莫罗将军”和“蓝帮对绿帮”),录像(“恐惧商人”和“住房抵押”),故事(“客厅里的尸体”),物理环境(“街道”),明显的结果(“新式海军”和“参议员”),新的要求(“改造你的老板”),以及过时的要求(“我的文件夹”);使一些日常可以见到的东西(“画像廊”)、被反复讲述的故事(“我生存了下来”)或现有的角色模型(“提拔”)具有某种象征意义,以延长演示对人们的影响。

感　受

生动的视觉感受能够吸引人们的注意,使一些不利于变革的情绪,愤怒、自满、悲观、迷惑、恐慌和嘲讽,得到缓解。它同样也可以激发那些利于变革进行的情绪,热情、信心、自信、紧迫感、希望(并将恐惧转换为其他有利的情绪)。

变　革

内心感受的变化,将带来行为方式的变化。新的行为方式可以帮助组织有效地完成变革的8个步骤,在通向未来的发展中实现关键的飞跃。

成功变革的领导者会以变革过程中的某个步骤为例，向大家演示发现问题和解决问题的方法。演示应尽量具体，而且采取一些直观的手段，如视听等。这就意味着，领导者在演示时，不能只是一味讲解，更要有具体的演示。变革领导者在讲话的时候，除了传达信息之外，还要给职员以激励，也就是说，用有声有色的表演，代替会议室里干巴巴的演说，随时随地生动形象地传达思想，与职员进行沟通。记录客户发怒或开心的录像，以及有趣的故事，都是他们进行沟通的素材。他们总是以身作则，严于律己，即使这样做有危险也在所不惜。他们总是确保变革得到可见的成果。他们通过改变情境，来改变人们的见闻：新的工作环境、简短的报告、制订计划的新方法，增设新职位来专门负责发现问题。他们用日常可以见到的实际物体，飞机或画像，或被人反复讲述的生动故事，来象征变革的主题。但是，不论使用什么方法，他们都在向人们传达一种比逻辑和分析更为深刻的信息——情感的激发。感受的变化带来行为方式的变化，之后人们才有可能克服各种困难，顺利地完成变革的 8 个步骤。虽然人们常常怀疑是否有变革的可能或必要，但他们往往还是会奋力一搏。而他们也获得了成功，创造出一个个小小的奇迹。

从某种程度上来说，这种模式与大脑的结构有关。大脑中负责复杂分析的部分在革新方面比较迟钝。感官接受的刺激会直接反映到情绪，再由情绪命令人的行为。这种模式与当今现实中大规模变革的性质也不无关系。使用分析工具需要一定的参数，因此不适合处理不确定的情况。

实际上，我们都知道“目睹—感受—变革”这一模式，对它也有很多观察和体验。但我们对这一模式的认识还未到有意识的阶段，所以，很少谈论它，也很少在正式的场合传授它。这种情况将会改变，因为世界的迅速发展要求我们去改变它。

众志成城

在比较稳定的时期，本书中讨论的变革并不具有重大意义，但是变革一直保持着它在组织发展中的地位。这就好像人们围绕城堡挖了一条护城河，不断对其进行修缮，同时厉兵秣马，保持警觉。随着环境变化的加速，本书中关于变革的方法和技巧变得越来越重要。一些人需要了解这些方法，并将它们用于实际的领导工作。随着世界发展的进一步加速，只有一两个人了解如何领导变革，已经显得杯水车薪了，必须有更多的人认识到变革的意义，并学会如何成功地实现变革。否则，你就无法跟上环境发展的步伐，在组织中建立合适的各级领导团队，或有效地传达变革愿景。由于环境发展的速度越来越快，所以，也需要有越来越多的人了解关于变革的方方面面。

首席执行官、部门经理和组织中的其他管理者，在变革中仍旧具有关键作用。但是，如果任由他们决定一切，就会失败。如果不采取步骤 1 的方法，提高他们的紧迫感，那么变革就难免陷入混乱。除非在小型公司中，仅仅有一位高明的首席执行官是远远不够的。

今天，在许多受到较多保护的传统行业中，如果一个组织中有 1% 的职员理解了本书中介绍的方法和理念，那么该组织就可以跟上环境的发展变化。也就是说，在 100 人的小公司里，只要首席执行官一个人懂得如何进行变革就可以了。但是在一个 50 000 员工的大公司里，这个数字就要上升到 500 人。显然，小公司比大公司更容易具备足够的变革专家，这也是前者较之后者更灵活、发展更快的原因之一。

但是，当变革速度提高时又该怎么办呢？

整个世界目前还处在混乱的发展中，因此对变革的需要也在继续。想象一下，这需要在整个组织范围内一直保持高度的紧迫感和自信，压制恐慌和不满，并组建专门的团队领导变革，为每一次变革制定愿景和策略，及时有效地向所有职员传达大量信息，同时排除组织中现存的各种阻碍变革进行的因素。公司中需要有多少人将变革视为自己工作的一部分，才能在这样一个世界中取得成功呢？我们中必须有多少人精通变革之道，才能将新的生产线、公司合并、组织、电子商务世界、流程再造，或其他任何发展，引入正确的轨道呢？我们中又需要有多少人在“分析—思考—行动”的模式之外对变革理念具备初步认识呢？人们可能会对这些具体的数字有不同意见，但是有一点是可以肯定的，那就是这个数字必定很大。大多数组织现在具备的精通变革之道的人，只有其需要人数的一半，而其他一些组织的此类人才甚至更少。

假如有四家 5 000 人的同行企业，它们在许多方面都很相似，只有一个不同之处。在第一家企业中，有许多人认为企业的老板就是“变革的领导者”。而这位老板也是如此想法，而且他也是唯一一个试图按照本书中的建议进行变革的人。在第二家企业中，人们将十几个部门经理视为“变革领导者”。这些部门经理分别在各自的部门中实施变革的 8 个步骤，并采用了本书中介绍的“目睹—感受—变革”模式。而第三家企业则把领导变革的任务分派给 100 名左右的基层管理者，由他们对自己负责的那一方面工作进行变革。他们都理解情绪在变革中的重要性，并采用了本书中介绍的 8 个步骤和各种技巧。

多萝西在泰德和比尔的帮助下领导新的克瑞恩项目。杰里领导的团队则负责为零配件小组制定变革愿景。约翰、梅丽和冈瑟则负责领导波伊斯办事处的变革。

在第四家企业中，一半以上的职员都要领导某方面的变革。大部分人的领导范围都很有限，可能只包括变革过程中的某个步骤，但他们确实是领导者。假设在该企业中，大部分人都接受变革的挑战。也就是说，5 000 名职员中，至少有 2 501 人帮助组织适应这个多变的时代。在一个不断动荡发展的世界中，这四家企业中究竟谁能够成功呢？

但是，现实中是否会有大量职员支持企业的变革呢？如果你期望太多，这当然不可能。可如果你只期望有足够的领导者，在变革的某个步骤，指明方向或调动职员的积极性，那为什么不可能呢？

为什么一个 24 岁的销售员不能主动采取行动，为公司指明新的机遇或挑战，并创造性地把这些信息制作成一份可视报告，来提高上司和同事们的紧迫感？为什么一个 28 岁的工程师不能为新流水线开发提供关键的指导？为什么一位 55 岁的基层行政助理不能有效地向同事们传达变革愿景？为什么不能让每个人都成为保证策划和实施短期成功的中坚力量？我们难道不能有效地处理情绪因素吗？恐怕情况并非如此。

尽管本书中由多位中高层管理者提供的案例故事都

很简短，但即使把它们扩展成像哈佛商学院的教学案例那样达到 30 页篇幅，其中的核心信息还是一样的，讲述的仍然是关于某个 24 岁的销售员或某个 55 岁的行政助理的故事。这些人可能在传统意义上都不像“领导者”，但他们却实实在在地在变革中发挥了领导作用。

我们需要更多这样的人，而且要实现这一点也是完全可能的。我们需要更多的人把他们一直以来从事的工作做得更好——而且这也同样完全可能。我们可以在历史上找到很多这类成功的先例。在第二次世界大战期间，迫于战争的压力，军队的官僚体系中奇迹般地产生了无数优秀的领导者，也使无数普通人发挥了领导作用。未来的挑战将比第二次世界大战的危机更为严峻。我们也会做得比从前更好。

致　谢

本书是许多人共同努力的结晶。我们要向 Isla Beaumont 和 Richard Skippon 表示诚挚的感谢，他们投入了很多时间，来帮助我们联系公司、安排访谈、整理案例，并思考这些案例背后的意义。Dustyn Bunker、Stefan Lauber、Judy Le 和 Ken Love 也在访谈和案例收集方面提供了很多帮助——我们要向他们表示感谢。

特别感谢德勤咨询公司的 Doug McCracken、Stephen Sprinkle，Susan Gretchko 和 Gerry Pulvermacher，他们为本项目的完成无私奉献了很多宝贵的时间。德勤公司的许多负责人也在安排访谈方面向我们提供了大力帮助，这些人主要有 John Fox、Doug Lattner、Dave Fornari、John McCue、Andy Konigsberg、Lee Dittmar、Rick Greene、Todd Laviere、Jim MacLachlan、Pete Giulioni、Deon Crafford、Mike McFaul、Mitch Shack、

Tom Captain、Jim Bragg、Mike McLaughlin、Jim Haines、Dan Gruber、Jack Ringquist、Brian Lee、Steve Dmetruk、Derek Brown、Gary Coleman、John Flynn、John Harrison、John Reeve、Mark Gardner、Leon Darga、Willie Beshire、Tom Van der Geest、Peter Gertler、Kevin Gromley、Don Decamara、Carol Lindstrom、Ed Eshbach、Gary Cunningham、Rich Sterbanz、Christina Dorfhuber、Tom Maloney、Marlees Van der Starre、Tricia Bay、Steve Baldwin、Randy Martin、Andrew Gallow、Tony Gerth、Mike Goldberg、Mike LaPorta 和 Chris Hooper。

Nancy Dearman、Spencer Johnson 和 Jeff Kehoe 在本书初稿完成过程中提供了巨大帮助。除此之外，还有很多人阅读了我们的初稿并提出了宝贵意见，在此一并致谢。

约翰·科特

丹·科恩

作者介绍

约翰·科特

约翰·科特，哈佛商学院松下幸之助领导学讲座教授，剑桥科特学院创办人兼校长。他毕业于麻省理工学院和哈佛大学，1972 年成为哈佛商学院教授。1980 年，年仅 33 岁的科特就成为哈佛大学终身教授，是哈佛大学校史上极少数拥有这项荣誉的年轻人之一。

科特教授的著作包括：《总经理》（*The General Managers*, 1982）、《权力与影响力》（*Power and Influence: Beyond Formal Authority*, 1985）、《变革的力量：领导与管理的差异》（*A Force for Change: How Leadership Differs from Management*, 1990）、《企业文化与经营业绩》（*Corporate Culture and Performance*, 1992）、《新规则》（*The New Rules*, 1995）、《领导变革》（*Leading Change*, 1996）以及《松下领导学》（*Matsushita Leadership*, 1997）。

科特教授荣获多项荣誉，包括埃克森奖（Exxon Award）、强斯克奖（Johnson, Simth & Knisely Award），以及麦肯锡奖（Mckinsey Award）。

丹·科恩

丹·科恩，德勤咨询公司合伙人，是大型企业组织变革管理方面的专家。作为德勤咨询公司全球变革管理方面的负责人，他领导制定了德勤全球变革管理方法论。他曾为《财富》前100名中的许多公司提供过咨询服务，例如埃克森石油、戴尔电脑和可口可乐等。在从事咨询服务之前，他曾经在制造业、金融业和房地产等不同行业中从事人力资源管理工作达15年以上。除了为公司提供咨询服务以外，科恩还在底特律大学、俄亥俄州立大学、迈阿密大学和南部卫理公会大学等学校教授组织行为课程。科恩毕业于亚德菲大学，在底特律大学获得硕士学位，并在俄亥俄州立大学获得博士学位。

赞　誉

全新的理念、全新的示例，一本充满新意的书。它带给我前所未闻的新鲜理念。

——阿兰·弗罗曼
Lexington Leadership Partners 创始人及合伙人

总之，这不比任何分析理论、决策树、财务模型、进度表或其他类似的公司管理理论逊色。我们的时代充斥着理性的思维模式。这本书却恰到好处地点醒我们，让我们知道自己最需要的是什么。

——小杰昂·尼维卡
霍尼韦尔机械系统部门副总裁兼总顾问

这本书非常有说服力。即使持怀疑论的读者也会被这些充满情感、真实动人的故事打动。

——博·托马斯
Thomas 咨询公司所有者及领导人

生动有趣，可读性强，而且非常实用。

——彼得·伍德
澳大利亚 Walter 建筑集团有限公司区域经理

不仅好看，而且易学。

——西达斯·伯拉
印度 Xpro 有限公司主席

《变革之心》实在是一部让人叫绝的书，充满了实用的工具，对那些想要进行变革的人来说真是再合适不过了。

——保罗·达勒里奥
Organization Plus, Inc. 创始人及首席执行官

这本书比其他关于变革的书更为实用。它提供了明确的建议。我已经把它定为下属的必读书了。

——丹·萨科斯基
英国石油公司优化部门经理

这本书倡导的理念非常精彩。我发现书中提供的各种想法都可以很容易地立刻应用到我的工作中。

——玛丽·托马斯
美国陆军项目经理

这本书的材料来源广泛，不仅有各行各业从业者的亲身经历，而且还有许多公司经理人和管理层人士提供的个人经验。此外，这本书的语言简单流畅，让读者可以用最短的时间，得到最大的收获。

——查尔斯·德考特
惠普公司计算技术总经理

不论你是决策者，还是活跃的经理人，或者你觉得自己成了公司变革的牺牲者，这本书都可以让你认识到自身所处的现实，教你如何把握周围的一切，更好地扮演好自己在变革中的角色。

——苏珊娜·马丁
西班牙 L'Alianca 公司总经理

我很讨厌商务书籍，常常读不到 20 页就会把它们丢在一旁。但是我却兴致勃勃地把《变革之心》从头读到尾。这绝对是一次对变革管理和领导艺术的有效学习。

——简 – 里恩·格治利特
Mikasa, Inc. 首席执行官